Thomas Kalkus-Promitzer

Wege durch die Trauer –
Begleitung und Orientierung in
schwierigen Zeiten

Psychosoziale Impulse: Band 1

AF279992

Impressum

© 2025 Thomas Kalkus-Promitzer

Covergestaltung: DI Konrad Promitzer - kpdesign.at

Bibliografische Information der Deutschen Nationalbibliothek: Die Deutsche Nationalbibliothek verzeichnet diese Publikation in der Deutschen Nationalbibliografie; detaillierte bibliografische Daten sind im Internet über http://dnb.dnb.de abrufbar.

Verlag: BoD · Books on Demand GmbH, Überseering 33, 22297 Hamburg, bod@bod.de

Druck: Libri Plureos GmbH, Friedensallee 273, 22763 Hamburg

ISBN: 978-3-8192-2576-5

Inhaltsverzeichnis

I

00. Einleitung

Möglicherweise hältst du dieses Buch in den Händen, weil du einen geliebten Menschen verloren hast. Oder du suchst nach Orientierung, einen Weg, um mit der Leere, dem Schmerz, der Ungewissheit umzugehen. Vielleicht möchtest du auch jemanden begleiten, der trauert, und fragst dich, wie du hilfreich sein kannst. Was auch immer dich hierher geführt hat, ich bin mir sicher, dass du einen Grund hast. Und dieser Grund ist wichtig.

Trauer ist ein Zustand, den wir nicht wählen. Sie überkommt uns, nimmt uns in Beschlag und verändert uns. Es kann sein, dass du dich selbst nicht mehr wiedererkennst. Dinge, die dir früher leichtgefallen sind, erscheinen dir nun mühsam. Die Welt um dich herum dreht sich weiter, während deine eigene zum Stillstand gekommen ist. Und das Schlimmste: Es scheint, als verstünden die anderen nicht, was in dir vorgeht. Vielleicht hörst du gut gemeinte Ratschläge wie „Das Leben geht weiter" oder „Du musst stark sein", doch sie prallen an dir ab oder verletzen dich sogar. Denn was du brauchst, ist nicht ein schneller Ausweg, sondern ein ehrliches Eingeständnis: Ja, dieser Verlust ist real. Ja, er tut weh. Und ja, es ist in Ordnung, wenn du Zeit brauchst, um damit umzugehen.

Dieses Buch ist kein Ratgeber, der dir vorgibt, wie du zu trauern hast. Es gibt keinen richtigen oder falschen Weg durch die Trauer. Jeder Mensch trauert anders, weil jeder Verlust einzigartig ist. Stattdessen möchte ich dich einladen, mit mir auf eine Reise zu gehen. Eine Reise, auf der wir gemeinsam verstehen, was Trauer ist, wie sie sich zeigt, welche Herausforderungen sie mit sich bringt und welche Möglichkeiten du hast, ihr zu begegnen.

Es kann sein, dass du an manchen Stellen innehältst, weil du dich wiedererkennst. Vielleicht wirst du Abschnitte überspringen, weil sie für dich gerade nicht relevant sind. Das ist vollkommen in Ordnung. Du darfst dieses Buch auf deine Weise nutzen. Es ist kein Lehrbuch, sondern ein Begleiter, den du zur Hand nehmen kannst, wann immer du das Bedürfnis hast.

Es gibt Zeiten, in denen du dich verloren fühlst, als würdest du auf einem dunklen Pfad ohne Karte gehen. Ich möchte dir helfen, einige Wegweiser zu finden. Nicht um dir vorzuschreiben, welchen Schritt du als Nächstes tun sollst, sondern um dir Mut zu machen, dass es überhaupt Wege gibt. Dass du nicht stehen bleiben musst. Dass du nicht allein bist.

Oft entsteht der Druck, mit der Trauer „fertig" zu werden. Vielleicht spürst du Erwartungen von außen oder setzt dich selbst unter Druck. Doch Trauer ist keine Aufgabe, die man abhaken kann. Sie ist ein Prozess, der sich verändert, mit dir wächst und sich in dein Leben einfügt, nicht als Hindernis, sondern als Teil dessen, wer du bist. Dein Verlust wird dich prägen, aber er wird dich nicht für immer lähmen. Du kannst neue Kraft finden, neue Perspektiven entdecken. Und ja, du wirst wieder Freude empfinden, ohne dass das bedeutet, dass du vergessen hast.

Trauer kann sich anfühlen wie eine Welle, die dich immer wieder mit voller Wucht trifft. Oder wie ein Nebel, der dir die Sicht auf das Leben versperrt. Es gibt Tage, an denen du denkst, es wird besser, nur um dann wieder in tiefe Traurigkeit zu stürzen. All das ist normal. Trauer ist nicht linear. Sie folgt keinem Plan, keiner vorgegebenen Zeit. Sie kommt in Wellen, in Höhen und Tiefen, manchmal leise, manchmal laut. Und genau deshalb ist es so wichtig, dass du lernst, mit ihr zu leben, statt gegen sie anzukämpfen.

Manchmal stellt Trauer alles infrage, was du über dich selbst und dein Leben gedacht hast. Sie zwingt dich, eine neue Realität zu akzeptieren, auch wenn du das gar nicht willst. Sie verändert deine Beziehungen, weil nicht alle Menschen in deinem Umfeld verstehen, was du gerade durchmachst. Vielleicht ziehen sich einige zurück, weil sie unsicher sind. Möglicherweise fragst du dich selbst, wie viel du teilen kannst, ohne dich verletzlich zu fühlen.

Dieses Buch möchte dir helfen, mit diesen Herausforderungen umzugehen. Es wird dir zeigen, dass du nicht allein bist. Es wird dir Worte geben, wenn dir selbst die Sprache fehlt. Es wird dich daran erinnern, dass dein Schmerz berechtigt ist und dass du ihn nicht verstecken musst. Du darfst trauern, so lange und so intensiv, wie du es brauchst. Niemand kann dir vorschreiben, wann es „genug" ist. Es gibt keinen festen Zeitrahmen für Heilung.

Viele Menschen haben Angst, dass sie den Verstorbenen „loslassen" müssen, um weiterleben zu können. Doch das ist ein Missverständnis. Du musst nicht loslassen, sondern eine neue Form der Verbundenheit finden. Erinnerungen, Rituale, kleine Momente der inneren Nähe: all das kann dir helfen, den geliebten Menschen in deinem Herzen zu bewahren, ohne dich von deiner eigenen Zukunft abzuschneiden.

Trauer bedeutet nicht, für immer in Dunkelheit zu verharren. Sie bedeutet, dass du einen Weg finden musst, Licht in die Dunkelheit zu bringen. Und das bedeutet nicht, dass du sofort wieder glücklich sein musst. Es bedeutet nur, dass du dir erlauben darfst, langsam Schritte in Richtung Leben zu machen, in deinem eigenen Tempo, auf deine eigene Weise.

Es gibt Hoffnung. Vielleicht kannst du sie jetzt noch nicht sehen, aber sie ist da. Und dieses Buch wird dich dabei unterstützen, sie wiederzufinden. Schritt für Schritt. Tag für Tag.

Denn am Ende geht es nicht darum, den Schmerz zu verdrängen, sondern ihn als Teil deiner Geschichte zu akzeptieren. Es geht darum, mit der Trauer zu leben, ohne von ihr überwältigt zu werden. Es geht darum, dass du deinen Weg findest, nicht zurück in das alte Leben, sondern nach vorne in ein Leben, das den Verlust anerkennt, ohne daran zu zerbrechen. Du darfst hoffen. Du darfst weitergehen. Und du darfst dabei alle Emotionen zulassen, die sich auf diesem Weg zeigen.

Dieses Buch ist dein Begleiter in all den Momenten, in denen du Trost, Orientierung oder einfach nur das Wissen brauchst, dass du nicht allein bist.

01. Trauer verstehen

Trauer ist eine der tiefsten und intensivsten Erfahrungen, die wir als Menschen machen. Sie trifft uns mit einer Wucht, die uns den Boden unter den Füßen wegziehen kann. Es ist, als würde plötzlich eine Tür zugeschlagen, durch die wir nie wieder gehen können. Ein Mensch, ein Lebensabschnitt, eine Hoffnung, etwas, das wir geliebt oder als festen Bestandteil unseres Lebens betrachtet haben, ist nicht mehr da. Doch Trauer ist mehr als nur der Schmerz über diesen Verlust. Sie ist eine Reise durch unbekanntes Terrain, eine Bewegung durch verschiedene Gefühlszustände, eine Transformation, die uns fordert und verändert. Manchmal fühlt sich Trauer an wie ein schwerer Mantel, der alles umhüllt und uns in eine seltsame Stille versetzt. Andere Male ist sie ein Sturm, der uns mit Erinnerungen, Emotionen und Sehnsucht überschwemmt. Sie kann dumpf und betäubend sein oder scharf und stechend, unvorhersehbar in ihrem Rhythmus. Was sicher ist: Sie bleibt nicht immer gleich. Sie verändert sich, wächst, schrumpft, kommt in Wellen oder in unerwarteten Momenten zurück. Sie kann sich leise anschleichen oder mit voller Härte zuschlagen. Manchmal glaubst du, du hättest dich stabilisiert, und dann bringt dich ein einziger Gedanke, ein vertrauter Duft oder ein Lied völlig aus dem Gleichgewicht. Sie lässt sich nicht kontrollieren, nicht vorhersehen, nicht erzwingen. Sie hat ihren eigenen Rhythmus, ihr eigenes Tempo und ihre eigene Tiefe. Sie kann dich für eine Weile lähmen, dich in eine innere Dunkelheit ziehen und dir das Gefühl geben, nie wieder wirklich

Freude empfinden zu können. Doch genauso kann sie dich eines Tages daran erinnern, dass du trotz deines Schmerzes weiter atmest, dass dein Herz weiter schlägt, dass du weiter existierst. Und irgendwann, vielleicht viel später als du es dir gewünscht hättest, wirst du merken, dass sie sich verändert. Sie wird nicht verschwinden, aber sie wird sich verwandeln, und mit ihr wirst auch du dich verändern.

Oft wird Trauer ausschließlich mit dem Tod eines geliebten Menschen in Verbindung gebracht. Doch sie ist weit vielschichtiger. Trauer begleitet uns durch das gesamte Leben und tritt in unzähligen Formen auf. Wir trauern nicht nur um Menschen, sondern auch um verlorene Möglichkeiten, geplatzte Träume, veränderte Beziehungen oder den Abschied von einer Lebensphase, die nie wieder zurückkehren wird. Manchmal ist Trauer diffus, schwer zu greifen. Sie kann sich zeigen, wenn wir feststellen, dass wir nicht mehr dieselbe Person sind wie früher oder dass sich unser Umfeld auf eine Weise verändert hat, die uns fremd geworden ist. Es gibt die Trauer um eine unerfüllte Liebe, um ein nie geborenes Kind, um eine Heimat, die wir verlassen mussten. Es gibt die leise Trauer über Freundschaften, die sich unmerklich aufgelöst haben, über ein berufliches Scheitern oder über die Erkenntnis, dass die Eltern, die wir uns gewünscht haben, nie die Eltern sein konnten, die wir gebraucht hätten. In all diesen Fällen spüren wir den Schmerz des Abschieds, der sich oft nicht so klar benennen lässt wie bei einem Todesfall. Und doch ist er real. Manchmal ist diese Trauer schleichend, nicht greifbar, sie verbirgt sich hinter Gefühlen wie Frustration, Unruhe oder einem diffusen Schmerz, der sich nicht genau zuordnen lässt. Sie kann sich zeigen, wenn wir einen alten Brief lesen, wenn wir an einem bekannten Ort stehen und spüren, dass etwas nicht mehr so ist wie früher. Sie kann sich in stillen Momenten bemerkbar machen, wenn wir uns plötzlich fragen, was hätte sein können, wenn das Leben anders verlaufen wäre. Diese Trauer ist oft weniger sichtbar für andere, doch sie ist nicht weniger real. Sie lebt in den leeren Räumen unserer Erinnerungen, in den unausgesprochenen Worten, in den Wegen, die wir nicht gegangen sind. Sie fordert uns auf, innezuhalten, nachzudenken, uns einzugestehen, dass nicht alles im Leben repariert oder nachgeholt werden kann. Und genau in dieser Erkenntnis liegt auch eine tiefe, manchmal schmerzhafte Wahrheit: Trauer ist der Schatten der Liebe, sie existiert nur, weil etwas für uns von Bedeutung war.

Jede Trauer ist individuell. Niemand kann vorhersehen, wie sich der eigene Trauerprozess gestalten wird. Vielleicht war die Verbindung zu dem Verlorenen besonders tief und innig, vielleicht war sie schwierig und voller ambivalenter Gefühle. Vielleicht war der Verlust abrupt und schockierend, oder er kam nach langer Vorbereitung, sodass die Trauer sich schon vorher in kleinen Dosen angekündigt hat. Manche Menschen verspüren eine fast lähmende Traurigkeit, während andere das Gefühl haben, gar nichts zu fühlen. Manche ziehen sich zurück und können die Welt um sich herum nicht mehr ertragen, während andere unruhig werden und sich in Ablenkung stürzen. Es gibt Menschen, die intensiv über den Verstorbenen sprechen, Erinnerungen wieder und wieder durchleben, während andere kaum Worte dafür finden. Keine dieser Reaktionen ist falsch. Trauer ist keine Einheitsgröße, die sich nach einem bestimmten Muster abspielt. Sie ist so einzigartig wie die Beziehung zu dem, was verloren wurde. Sie ist auch abhängig von unserer Persönlichkeit, unseren bisherigen Lebenserfahrungen, unserer Umgebung und unserer Art, mit Emotionen umzugehen. Ein Verlust trifft nicht jeden Menschen auf dieselbe Weise, und es gibt keine richtige oder falsche Art zu trauern. Während einige in Tränen ausbrechen, sobald der Tod eintritt, brauchen andere Wochen oder Monate, um ihre Gefühle überhaupt zuzulassen. Manche Menschen finden Halt in Ritualen, andere meiden Erinnerungen, weil sie zu schmerzhaft sind. Einige fühlen sich durch Gespräche mit anderen getröstet, während andere sich in ihrer Stille am sichersten fühlen. Es gibt diejenigen, die sich ablenken, um nicht zu fühlen, und jene, die sich ganz bewusst in ihren Schmerz hineinbegeben. Jeder geht seinen eigenen Weg durch die Trauer, und dieser Weg ist so individuell wie die Liebe, die ihn ausgelöst hat.

Trauer kann verschiedene Formen annehmen. Sie kann akut sein und direkt nach dem Verlust mit voller Intensität auftreten. Sie kann sich anhaltend zeigen, wenn der Schmerz auch nach langer Zeit nicht nachlässt. Sie kann sich verzögert äußern, wenn der Schmerz erst viel später bewusst wird. Sie kann verdrängt werden und sich in anderen Symptomen manifestieren, wenn sie nicht durchlebt werden darf. Und sie kann sich bereits vor einem eigentlichen Verlust bemerkbar machen, wenn wir wissen, dass das Unvermeidliche bevorsteht.

Doch egal, welche Form sie annimmt, Trauer ist immer ein Ausdruck dessen, was uns etwas bedeutet hat. Sie ist nicht unser Feind, sondern ein Teil des Lebens, der uns daran erinnert, wie tief wir fühlen können.

Akute Trauer ist oft die erste und intensivste Reaktion auf einen Verlust. Sie überrollt uns wie eine Flutwelle, raubt uns den Atem und lässt uns mit einem Gefühl der Leere zurück. In dieser Phase erleben Menschen oft ein Wechselbad der Gefühle: tiefe Traurigkeit, Wut, Schuldgefühle, Verzweiflung und manchmal sogar Erleichterung, insbesondere wenn der Verlust mit einer langen Leidensgeschichte verbunden war. Diese Emotionen können sich in Sekundenbruchteilen verändern, und oft fühlen wir uns ihnen hilflos ausgeliefert. Der Körper reagiert auf die akute Trauer ebenso intensiv wie die Seele. Schlafstörungen, Appetitlosigkeit, Erschöpfung, Konzentrationsprobleme oder sogar körperliche Schmerzen sind keine Seltenheit. Manchmal fühlt es sich an, als würde die Zeit stillstehen, als hätte die Welt jede Farbe verloren. Menschen, die akute Trauer erleben, berichten oft, dass sie in den ersten Wochen nach einem Verlust wie in einer Art Nebel gefangen sind, dass alles um sie herum unwirklich erscheint und dass selbst die einfachsten Tätigkeiten unüberwindbare Hindernisse darstellen.

Wenn die Zeit vergeht, kann sich die Trauer in eine anhaltende Form verwandeln. Während sich viele Menschen langsam mit der neuen Realität arrangieren, bleibt für manche der Schmerz gleichbleibend stark oder verstärkt sich sogar mit der Zeit. Die anhaltende Trauer ist eine Form des emotionalen Stillstands, in der

Menschen das Gefühl haben, in ihrer Trauer gefangen zu sein. Sie können das normale Leben nicht wieder aufnehmen, weil der Verlust alles überschattet. Erinnerungen lösen nicht nur Schmerz, sondern auch eine tiefe Sehnsucht aus, die unerfüllbar bleibt. Menschen, die unter anhaltender Trauer leiden, meiden oft soziale Kontakte, ziehen sich zurück und fühlen sich in ihrer Isolation gefangen. Sie haben das Gefühl, dass die Welt um sie herum weiterzieht, während sie selbst an einem Punkt feststecken, der keinen Ausweg bietet. Manchmal entwickelt sich daraus eine Depression oder eine tiefsitzende Angst, erneut jemanden zu verlieren. Der Umgang mit anhaltender Trauer erfordert viel Geduld, sowohl von der betroffenen Person als auch von ihrem Umfeld. Es kann hilfreich sein, professionelle Unterstützung in Anspruch zu nehmen, um den Schmerz in kleinen Schritten in das eigene Leben zu integrieren, ohne von ihm beherrscht zu werden.

Manche Menschen erleben eine verzögerte Trauer. Sie sind nach dem Verlust zunächst funktional, kümmern sich um organisatorische Dinge, sind für andere da und zeigen nach außen hin keine starken Emotionen. Monate oder sogar Jahre später jedoch, oft durch eine scheinbar unbedeutende Erinnerung oder eine neue Verlustsituation ausgelöst, bricht die Trauer plötzlich hervor. Sie kann dann umso heftiger sein, weil sie lange unterdrückt wurde. Menschen, die eine verzögerte Trauer erleben, verstehen oft selbst nicht, warum sie so heftig reagieren, wo doch der eigentliche Verlust lange zurückliegt. Sie können sich verwirrt oder beschämt fühlen, weil sie glauben, „zu spät" zu trauern oder sich von ihrer Umgebung unverstanden fühlen. Doch Trauer kennt keine zeitlichen Regeln. Manchmal ist der Schmerz so groß, dass der Geist ihn erst dann zulassen kann, wenn genügend innere Ressourcen vorhanden sind, um sich ihm zu stellen.

Verdrängte oder unterdrückte Trauer ist eine der tückischsten Formen. Sie zeigt sich nicht durch offene Traurigkeit, sondern oft in unerwarteten Symptomen: Reizbarkeit, Erschöpfung, körperliche Beschwerden, Konzentrationsstörungen oder zwischenmenschliche Konflikte. Manchmal ist sie in übermäßige Ablenkung eingebettet – in Arbeitssucht, Perfektionismus, impulsives Verhalten oder zwanghaftes beschäftigt sein. Wer seine Trauer nicht zulässt, versucht oft unbewusst, die Leere mit anderen Dingen zu füllen. Doch Trauer lässt sich nicht dauerhaft verdrängen. Sie findet Wege, sich bemerkbar zu machen, sei es durch psychosomatische Beschwerden oder plötzliche emotionale Ausbrüche. Sich der Trauer zu stellen, kann Angst machen, weil es bedeutet, den Schmerz zuzulassen. Doch das Vermeiden der Trauer bedeutet oft, dass sie unterschwellig weiterwirkt und das eigene Leben in anderer Weise beeinflusst. Der Weg aus der verdrängten Trauer besteht darin, ihr bewusst Raum zu geben, sei es durch Gespräche, kreative Ausdrucksformen oder Rituale des Abschieds.

Eine besondere Form ist die antizipatorische Trauer, die einsetzt, bevor der eigentliche Verlust eintritt. Menschen, die einen geliebten Menschen durch eine schwere Krankheit begleiten, trauern oft schon lange, bevor der endgültige Abschied kommt. Sie erleben eine Mischung aus Hoffnung und Verzweiflung, aus Fürsorge und Überforderung. Antizipatorische Trauer kann dabei helfen, sich auf den Verlust vorzubereiten, aber sie kann auch zu großer emotionaler Erschöpfung führen. Angehörige von unheilbar kranken Menschen berichten oft, dass sie sich bereits lange vor dem Tod innerlich verabschiedet haben, dass sie schon getrauert haben, während der geliebte Mensch noch lebte. Dies kann einerseits helfen, den endgültigen Verlust etwas sanfter zu verarbeiten, andererseits aber auch Schuldgefühle auslösen. Manche empfinden es als unangebracht, bereits Abschied zu nehmen, während die geliebte Person noch am Leben ist. Doch es ist ein natürlicher Mechanismus, der uns hilft, uns langsam auf das Unvermeidliche einzustellen. Wer in einer solchen Situation ist, sollte sich bewusst machen, dass diese Gefühle normal sind und dass es in Ordnung ist, Trauer zu empfinden, selbst wenn der endgültige Abschied noch nicht gekommen ist.

Trauer kann sich auch auf gesellschaftlicher Ebene zeigen, in Form von kollektiver Trauer. Wenn eine Gemeinschaft oder ein Volk einen großen Verlust erlebt, durch Krieg, Naturkatastrophen oder andere Tragödien, entwickelt sich eine gemeinsame Trauer, die sich in Gedenkveranstaltungen, öffentlicher Anteilnahme oder kulturellen Veränderungen zeigt. Diese Form der Trauer ist besonders, weil sie Menschen miteinander verbindet, die sich vorher vielleicht fremd waren. Sie schafft eine Art kollektives Erinnern, das über Generationen weitergetragen wird. Historische Ereignisse hinterlassen oft tiefe Wunden in der kollektiven Psyche eines Volkes, und diese Trauer kann sich über Jahrzehnte hinweg auf gesellschaftlicher Ebene zeigen.

Unabhängig von der Form, in der sie sich zeigt, ist Trauer eine tief menschliche Erfahrung. Sie ist kein Zustand, der möglichst schnell überwunden werden muss, sondern ein Prozess, der Zeit, Raum und Mitgefühl erfordert. Sie bedeutet nicht, dass wir schwach sind oder dass wir an der Vergangenheit festhalten. Sie bedeutet, dass wir etwas verloren haben, das für uns wichtig war. Sie bedeutet, dass wir geliebt haben. Und letztendlich ist es genau diese Liebe, die uns durch die Trauer trägt, auch wenn sie sich manchmal in Schmerz verwandelt. Trauer ist eine Reise, die niemand freiwillig antritt, aber sie ist eine Reise, die wir nicht allein gehen müssen. Sie verbindet uns mit anderen, sie lehrt uns, achtsamer mit uns selbst zu sein, und sie erinnert uns daran, dass jeder Moment im Leben kostbar ist.

02. Dimensionen der Trauer

Trauer ist ein vielschichtiger Prozess, der weit über das hinausgeht, was auf den ersten Blick sichtbar ist. Sie ist nicht nur ein Gefühl, sondern eine tiefgreifende Erfahrung, die sich auf verschiedene Ebenen deines Lebens auswirkt. Wenn du einen Menschen oder etwas Bedeutendes verloren hast, verändert sich nicht nur deine innere Welt, sondern auch dein Körper, dein soziales Umfeld und vielleicht sogar deine Sicht auf das Leben. Diese Dimensionen der Trauer sind eng miteinander verwoben, und oft ist es schwer, sie voneinander zu trennen. Doch wenn du sie verstehst, kannst du besser einordnen, was gerade mit dir geschieht und warum du dich auf so viele unterschiedliche Weisen betroffen fühlst.

Der erste und offensichtlichste Aspekt der Trauer ist die emotionale Dimension. Trauer bringt eine Flut an Gefühlen mit sich, die oft widersprüchlich erscheinen. Vielleicht fühlst du eine tiefe Traurigkeit, die dich durch den Tag begleitet, eine Schwere, die kaum in Worte zu fassen ist. Manchmal ist es aber auch Wut, die dich überkommt: auf das Leben, auf das Schicksal, vielleicht sogar auf die verstorbene Person, weil sie dich verlassen hat. Schuldgefühle sind ebenfalls häufig: Hätte ich etwas anders machen können? Habe ich genug Zeit mit dieser Person verbracht? Hätte ich mich anders verabschieden sollen? Dann gibt es Momente der Verzweiflung, in denen du das Gefühl hast, den Boden unter den Füßen zu verlieren. Und dazwischen blitzt manchmal, unerwartet, Erleichterung auf, und vielleicht schämst du dich dafür.

Doch all diese Gefühle sind normal. Sie sind Teil des Trauerprozesses, und sie dürfen da sein.

Diese emotionale Vielfalt kann dich oft überfordern. Manchmal wechseln die Gefühle innerhalb von Minuten: Du bist gefasst und funktionierst, dann trifft dich eine Welle der Traurigkeit mit voller Wucht. Vielleicht erlebst du auch Phasen der Gefühllosigkeit, eine Art emotionales Taubheitsgefühl, in dem alles gedämpft wirkt. Das ist ein Schutzmechanismus deiner Psyche. Dein Geist kann nicht ununterbrochen Schmerz verarbeiten, deshalb setzt er Pausen ein. Diese Zeiten der Gefühllosigkeit bedeuten nicht, dass du den Verlust weniger spürst, sondern dass dein Körper versucht, dich zu stabilisieren.

Dann gibt es Momente der inneren Unruhe. Vielleicht hast du das Bedürfnis, irgendetwas zu tun, kannst dich aber nicht konzentrieren. Dein Blick schweift ins Leere, du fängst etwas an und brichst es wieder ab. Gedanken kreisen, du suchst nach Erklärungen oder versuchst, die Realität des Verlusts zu begreifen. Es kann passieren, dass du in Erinnerungen versinkst, dass dir bestimmte Orte, Gerüche oder Lieder den Atem rauben, weil sie dich so stark an den verlorenen Menschen erinnern. Die kleinsten Alltagsgegenstände können plötzlich eine gewaltige emotionale Bedeutung bekommen.

Wut ist ein Gefühl, das in der Trauer oft unterschätzt wird. Sie kann sich gegen alles und jeden richten: gegen das Schicksal, gegen die Ärzte, gegen Familie und Freunde, gegen dich selbst. Vielleicht bist du wütend, weil du das Gefühl hast, betrogen worden zu sein, um die gemeinsame Zeit, um Zukunftspläne, um Sicherheit.

Diese Wut ist eine Reaktion auf das Unfassbare. Manchmal kann sie sich auch in Form von Ungeduld äußern: Du hast das Gefühl, dass niemand versteht, was du durchmachst, dass Menschen um dich herum weitermachen, als wäre nichts geschehen.

Ein weiteres herausforderndes Gefühl ist Schuld. Besonders in engen Beziehungen kann Trauer Schuldgefühle hervorrufen: Dinge, die unausgesprochen blieben, Streitigkeiten, die nie geklärt wurden. Vielleicht fragst du dich, ob du genug getan hast, ob du eine letzte Chance verpasst hast, ob du dem geliebten Menschen in seinen letzten Momenten gerecht geworden bist. Solche Gedanken sind schmerzhaft, aber sie bedeuten nicht, dass du wirklich Schuld trägst. Sie sind Teil des Verarbeitungsprozesses, das Bedürfnis, die Vergangenheit zu durchleuchten und Erklärungen zu finden.

Nicht selten kommt es auch vor, dass Menschen in der Trauer eine tiefe Sehnsucht verspüren, eine Art inneres Rufen nach der verstorbenen Person. Manche berichten, dass sie in den ersten Wochen und Monaten das Gefühl haben, der geliebte Mensch sei noch da. Vielleicht hörst du seine Stimme in deinem Kopf, vielleicht spürst du seine Präsenz an vertrauten Orten. Das kann tröstlich, aber auch verwirrend sein. Dein Verstand weiß, dass diese Person nicht mehr physisch anwesend ist, aber dein Herz braucht Zeit, um das zu begreifen.

Und dann gibt es die Momente der kurzen Erleichterung, die oft von schlechtem Gewissen begleitet werden. Du lachst über einen Witz, bist für einen Augenblick abgelenkt, und dann schlägt das Schuldgefühl zu: Darf ich überhaupt fröhlich sein? Doch Trauer bedeutet nicht, dass du für immer in Schmerz gefangen bleiben musst. Emotionen kommen in Wellen, und das bedeutet, dass es auch Momente der Leichtigkeit geben darf. Sie bedeuten nicht, dass du den Verstorbenen vergisst, sondern dass du langsam lernst, mit dem Verlust zu leben.

Es ist wichtig, sich nicht gegen diese Gefühle zu wehren oder sie zu unterdrücken. Trauer verläuft nicht in geraden Linien, sie ist chaotisch und unvorhersehbar. Es gibt keine „richtige" oder „falsche" Art zu fühlen. Deine Emotionen zeigen, wie tief deine Verbindung war, und sie helfen dir, den Verlust allmählich in dein Leben zu integrieren. Lass dir Zeit, sei geduldig mit dir selbst und erlaube dir, all diese Emotionen zu durchleben, in deinem eigenen Tempo, auf deine eigene Weise.

Aber Trauer ist nicht nur ein emotionaler Prozess. Sie hinterlässt auch körperliche Spuren. Vielleicht spürst du eine ständige Erschöpfung, selbst wenn du ausreichend schläfst. Dein Körper arbeitet auf Hochtouren, um den seelischen Schmerz zu verarbeiten, und das kostet Energie. Deine Muskeln sind vielleicht dauerhaft angespannt, als würdest du dich unbewusst auf eine Bedrohung vorbereiten. Möglicherweise bemerkst du ein Gefühl der Schwere in deinen Gliedern, als ob jede Bewegung mehr Kraft erfordert als sonst. Auch das Gegenteil kann der Fall sein: Eine innere Rastlosigkeit treibt dich an, lässt dich umherwandern, als würdest du nach etwas suchen, das du verloren hast. Dein Nervensystem ist im Alarmzustand, und das kann sich in Zittern, Schwitzen oder plötzlichen Kälteschauern äußern.

Manche Menschen erleben Appetitlosigkeit, andere greifen vermehrt zu Trostnahrung. Dein Körper reagiert auf den Stress der Trauer. Er drosselt oder steigert je nach Typ deinen Stoffwechsel. Vielleicht hast du kein Interesse mehr an Essen, oder du verspürst Heißhunger auf süße oder fettige Speisen, weil dein Körper nach Energiequellen sucht, um mit dem emotionalen Ausnahmezustand umzugehen. Dein Magen kann empfindlicher reagieren, Verdauungsprobleme sind keine Seltenheit. Das Essen kann sich anders anfühlen als zuvor. Entweder schmeckt es nach nichts oder du sehnst dich nach bestimmten Gerichten, die dich an bessere Zeiten erinnern.

Schlafstörungen sind häufig: Gedanken kreisen unaufhörlich, Erinnerungen tauchen in der Nacht auf, und manchmal scheint die Dunkelheit die Trauer noch intensiver zu machen. Vielleicht kannst du nicht einschlafen, weil dein Kopf nicht zur Ruhe kommt. Oder du wachst mitten in der Nacht auf und fühlst dich verloren, als würde die Abwesenheit der geliebten Person in diesen stillen Stunden besonders laut schreien. Manche Menschen haben Albträume, in denen sie den Verlust immer wieder durchleben. Andere erleben traumähnliche Begegnungen mit den Verstorbenen, Momente, in denen sie das Gefühl haben, die geliebte Person sei für einen kurzen Augenblick noch da.

Vielleicht hast du Verspannungen, Kopfschmerzen oder ein allgemeines Gefühl von Unruhe im Körper. Dein Nacken schmerzt, weil du unbewusst die Schultern hochziehst. Deine Hände fühlen sich kalt an, weil dein Kreislauf instabil ist. Manche Trauernde berichten von Enge in der Brust, einem Kloß im Hals oder sogar Herzrasen. Das sind Zeichen dafür, dass die Psyche und der

Körper eng zusammenhängen. Es gibt ein Phänomen namens „Broken-Heart-Syndrom", ein Zustand, bei dem intensiver emotionaler Stress tatsächlich körperliche Herzprobleme auslösen kann.

Beim Broken-Heart-Syndrom, auch als Takotsubo-Kardiomyopathie bekannt, reagiert das Herz auf eine extreme emotionale Belastung, indem es sich vorübergehend in seiner Funktion verändert. Der Herzmuskel schwächt sich in bestimmten Bereichen, oft in einer Weise, die bei bildgebenden Verfahren einem japanischen Tintenfischfänger-Topf (Takotsubo) ähnelt, daher der Name. Die Symptome ähneln einem Herzinfarkt: Brustschmerzen, Atemnot, ein beklemmendes Gefühl in der Brust. Manche Menschen werden mit Verdacht auf einen Infarkt ins Krankenhaus eingeliefert, doch die Untersuchung zeigt, dass die Herzkranzgefäße nicht verengt sind. Stattdessen ist es der Stress, der das Herz vorübergehend aus dem Gleichgewicht bringt.

Obwohl das Broken-Heart-Syndrom in den meisten Fällen reversibel ist, zeigt es, wie eng Emotionen und körperliche Gesundheit verbunden sind. Der Körper verarbeitet Trauer nicht nur auf einer psychischen Ebene, er trägt sie auch physisch mit. Besonders betroffen sind Menschen, die ohnehin unter hohem Stress stehen oder bereits Herz-Kreislauf-Probleme haben. Frauen nach der Menopause sind statistisch häufiger betroffen als Männer, was mit hormonellen Veränderungen zusammenhängen könnte.

Das Bewusstsein für diese körperliche Reaktion auf Trauer kann helfen, sich selbst und den eigenen Körper besser zu verstehen. Wenn du Anzeichen wie anhaltende Brustschmerzen, Atemnot oder starke Herzrasen verspürst, solltest du nicht zögern, medizinische Hilfe in Anspruch zu nehmen. Gleichzeitig kann der Umgang mit Stress durch bewusste Entspannungstechniken, Bewegung und soziale Unterstützung dazu beitragen, das Risiko solcher Symptome zu reduzieren. Der Körper trägt die Last des Verlusts mit, und es ist wichtig, ihm Fürsorge zukommen zu lassen.

Körperliche Bewegung kann helfen, Anspannungen zu lösen und Stress abzubauen. Spaziergänge an der frischen Luft, sanfte Dehnübungen oder achtsame Atemtechniken können dich dabei unterstützen, dich wieder mit deinem Körper zu verbinden. Selbst wenn du das Gefühl hast, keine Kraft zu haben, kann ein kleiner Spaziergang dir helfen, den Kreislauf in Gang zu bringen. Die Natur hat eine besondere Kraft in Zeiten der Trauer: Das Rauschen der Blätter, das sanfte Plätschern von Wasser, der Wind auf deiner Haut, all das kann beruhigend wirken, wenn Worte keine Linderung bringen.

Auch eine bewusste Ernährung kann helfen, das Gleichgewicht wiederherzustellen. Es ist verständlich, wenn du wenig Appetit hast oder dich nach bestimmten Lebensmitteln sehnst. Versuche dennoch, deinem Körper Nährstoffe zu geben, die ihm guttun. Warme Speisen können Trost spenden, Kräutertees können beruhigen, ausreichend Flüssigkeit ist besonders wichtig, um Kopfschmerzen und Kreislaufprobleme zu vermeiden. Falls du Schwierigkeiten hast, allein zu essen, kann es helfen, sich mit vertrauten Menschen zu verabreden oder bewusst kleine Mahlzeiten zu sich zu nehmen, ohne Druck.

Ein weiterer wichtiger Aspekt ist Schlafhygiene. Ein gleichmäßiger Schlafrhythmus, das Vermeiden von Bildschirmlicht vor dem Schlafengehen und beruhigende Abendrituale können helfen, das Einschlafen zu erleichtern. Manchmal können Entspannungsmethoden wie Meditation oder das Hören ruhiger Musik unterstützend wirken. Ein Tagebuch neben dem Bett kann helfen, kreisende Gedanken vor dem Schlafen aufzuschreiben, um den Geist zu entlasten. Rituale wie das Anzünden einer Kerze oder das Lesen eines Buches, das Trost spendet, können ein Gefühl von Sicherheit schaffen.

Achte darauf, deinen Körper nicht als Gegner zu sehen, sondern als Teil deiner Heilung. Trauer beansprucht dich auf allen Ebenen, doch wenn du lernst, auf die Signale deines Körpers zu achten und ihm Zuwendung zu schenken, kann er dich auf deinem Weg durch die Trauer unterstützen. Vielleicht kannst du deinem Körper etwas Gutes tun, indem du ihm Aufmerksamkeit schenkst, sei es durch Bewegung, durch eine Massage oder durch bewusste Atmung. Dein Körper trägt dich durch diese schwere Zeit, auch wenn er sich schwach anfühlt. Er braucht Geduld, genau wie deine Seele. Die Fürsorge für deinen Körper kann eine Form der Selbstliebe sein, ein kleiner Schritt auf dem Weg, dich selbst nicht zu verlieren.

Neben der emotionalen und körperlichen Ebene gibt es auch eine soziale Dimension der Trauer. Verlust verändert deine Beziehungen in einer Weise, die oft unvorhersehbar ist. Manche Menschen in deinem Umfeld wissen vielleicht nicht, wie sie mit deiner Trauer umgehen sollen. Sie möchten helfen, doch ihre Worte fühlen sich manchmal unpassend oder sogar verletzend an. Aussagen wie „Das Leben geht weiter" oder „Du musst stark sein" mögen gut gemeint sein, doch sie hinterlassen oft ein Gefühl der Isolation. Denn die Wahrheit ist: Dein Leben hat sich verändert, und es geht nicht einfach „weiter" wie zuvor.

Vielleicht ziehst du dich zurück, weil dir Gespräche zu anstrengend erscheinen oder weil du das Gefühl hast, dass niemand wirklich nachvollziehen kann, was du gerade durchmachst. Es ist möglich, dass du dich unverstanden fühlst, selbst von Menschen, die dir nahe stehen. Manche Freunde werden unsicher und meiden das Thema aus Angst, etwas Falsches zu sagen. Andere wirken distanziert oder ungeduldig, als ob sie erwarten, dass du nach einer gewissen Zeit „wieder normal" funktionierst. Doch Trauer hat keinen Zeitplan. Sie verändert sich mit der Zeit, aber sie verschwindet nicht einfach.

Manche Freundschaften verändern sich oder gehen sogar auseinander, weil sich die Dynamik verschiebt. Menschen, mit denen du zuvor über Alltägliches gesprochen hast, scheinen dir plötzlich fremd, weil deine Welt eine andere geworden ist. Vielleicht fühlst du dich von der Oberflächlichkeit mancher Gespräche verletzt, weil deine Gedanken ganz woanders sind. Gleichzeitig können neue, tiefere Verbindungen entstehen, oft mit Menschen, die selbst Trauer erlebt haben und verstehen, dass es keine schnellen Lösungen gibt. Manchmal reicht ein einziges verständnisvolles Wort oder eine stille Umarmung, um zu spüren, dass du nicht allein bist.

Vielleicht merkst du, dass sich dein Platz in der Welt verändert hat. Ein Partner, ein Elternteil, ein Kind oder ein enger Freund fehlt, und mit ihnen auch eine Rolle, die du in ihrem Leben gespielt hast. Wer bist du ohne diese Beziehung? Diese Frage ist schmerzhaft, aber sie zeigt, dass Trauer nicht nur Verlust bedeutet, sondern auch eine Neuorientierung in deinem sozialen Umfeld. Vielleicht fühlst du dich verloren, weil dein gewohnter Halt weggebrochen ist. Besonders, wenn du mit der verstorbenen Person viele Jahre deines Lebens geteilt hast, kann es schwer sein, deine eigene Identität neu zu definieren.

Auch in der Familie kann sich die Trauer auf verschiedene Weise zeigen. Jeder trauert anders, und das kann zu Missverständnissen führen. Während einige Familienmitglieder offen über den Verstorbenen sprechen möchten, ziehen sich andere zurück, um ihren Schmerz für sich zu verarbeiten. Das kann Spannungen erzeugen, besonders wenn das Bedürfnis nach Trost und Nähe nicht aufeinander abgestimmt ist. Kinder trauern anders als Erwachsene, und ältere Menschen haben oft eine andere Sicht auf Verlust als jüngere. Diese Unterschiede können herausfordernd sein, aber sie sind auch eine Gelegenheit, einander besser zu verstehen.

Es kann hilfreich sein, gezielt nach Menschen zu suchen, die offen für Gespräche über Trauer sind. Trauergruppen, Online-Foren oder persönliche Begegnungen mit anderen Betroffenen können eine große Unterstützung sein. Der Austausch mit Menschen, die ähnliche Erfahrungen gemacht haben, kann das Gefühl der Isolation verringern und neue Perspektiven eröffnen. Es gibt Menschen, die dich verstehen, auch wenn sie nicht immer die richtigen Worte finden. Gleichzeitig ist es wichtig, sich bewusst zu machen, dass nicht jeder mit deiner Trauer umgehen kann, und das ist in Ordnung.

Du darfst für dich entscheiden, mit wem du deine Gefühle teilst und wo du dich geschützt fühlst. Manche Menschen werden bleiben, andere werden sich entfernen, und das ist ein natürlicher Prozess. Vielleicht entstehen neue, tiefere Beziehungen, weil du jetzt erkennst, wer wirklich für dich da ist. Auch wenn es schmerzhaft ist, wenn sich manche Menschen zurückziehen, kannst du darauf vertrauen, dass dein Weg dich zu Menschen führen wird, die deine Trauer annehmen, ohne sie verändern zu wollen. Trauer kann trennen, aber sie kann auch verbinden, auf eine tiefere, ehrlichere Weise, als du es je zuvor erlebt hast. Verlust verändert deine Beziehungen in einer Weise, die oft unvorhersehbar ist. Manche Menschen in deinem Umfeld wissen vielleicht nicht, wie sie mit deiner Trauer umgehen sollen. Sie möchten helfen, doch ihre Worte fühlen sich manchmal unpassend oder sogar verletzend an. Aussagen wie „Das Leben geht weiter" oder „Du musst stark sein" mögen gut gemeint sein, doch sie hinterlassen oft ein Gefühl der Isolation. Denn die Wahrheit ist: Dein Leben hat sich verändert, und es geht nicht einfach „weiter" wie zuvor.

Vielleicht ziehst du dich zurück, weil dir Gespräche zu anstrengend erscheinen oder weil du das Gefühl hast, dass niemand wirklich nachvollziehen kann, was du gerade durchmachst. Es ist möglich, dass du dich unverstanden fühlst, selbst von Menschen, die dir nahe stehen. Manche Freundschaften verändern sich oder gehen sogar auseinander, weil sich die Dynamik verschiebt.

Gleichzeitig können neue, tiefere Verbindungen entstehen, oft mit Menschen, die selbst Trauer erlebt haben und verstehen, dass es keine schnellen Lösungen gibt.

Vielleicht merkst du, dass sich dein Platz in der Welt verändert hat. Ein Partner, ein Elternteil, ein Kind oder ein enger Freund fehlt, und mit ihnen auch eine Rolle, die du in ihrem Leben gespielt hast. Wer bist du ohne diese Beziehung? Diese Frage ist schmerzhaft, aber sie zeigt, dass Trauer nicht nur Verlust bedeutet, sondern auch eine Neuorientierung in deinem sozialen Umfeld.

Es kann hilfreich sein, gezielt nach Menschen zu suchen, die offen für Gespräche über Trauer sind. Trauergruppen, Online-Foren oder persönliche Begegnungen mit anderen Betroffenen können eine große Unterstützung sein. Der Austausch mit Menschen, die ähnliche Erfahrungen gemacht haben, kann das Gefühl der Isolation verringern und neue Perspektiven eröffnen. Gleichzeitig ist es wichtig, sich bewusst zu machen, dass nicht jeder mit deiner Trauer umgehen kann, und das ist in Ordnung. Du darfst für dich entscheiden, mit wem du deine Gefühle teilst und wo du dich geschützt fühlst.

Schließlich gibt es noch die spirituelle Dimension der Trauer, die oft übersehen wird, aber tiefgreifende Auswirkungen haben kann. Ein Verlust kann dein Weltbild erschüttern. Vielleicht hast du geglaubt, dass das Leben fair ist, doch jetzt stellst du das infrage. Vielleicht hattest du eine feste Vorstellung von einem höheren Sinn, aber nun zweifelst du daran. Manche Menschen suchen Trost im Glauben, in Ritualen oder in Meditation. Andere verlieren vorübergehend ihren Glauben, weil sie nicht verstehen können, warum ihnen das passiert ist. Auch wenn du dich nicht als spirituellen Menschen siehst, kann Trauer existenzielle Fragen aufwerfen: Warum musste das passieren? Was kommt danach? Wie kann ich mit diesem Verlust weiterleben? Manchmal entstehen in diesem Prozess neue Sichtweisen, eine tiefere Verbindung zu dem, was wirklich zählt. Vielleicht findest du einen Weg, den Verstorbenen auf eine neue Weise in deinem Leben zu behalten. Nicht physisch, aber in deiner Erinnerung, in deinem Herzen, in den Spuren, die er oder sie hinterlassen hat.

Die Auseinandersetzung mit der eigenen Spiritualität in der Trauer ist für viele Menschen ein innerer Kampf. Gerade dann, wenn ein plötzlicher oder ungerechter Tod die gewohnten Überzeugungen ins Wanken bringt, können Zweifel aufkommen. Vielleicht hattest du bisher das Gefühl, dass das Leben einer höheren Ordnung folgt, doch jetzt erscheint es dir chaotisch, unfair und willkürlich. Manche Menschen verspüren in solchen Momenten Wut auf Gott oder das Universum. Sie fragen sich, warum ausgerechnet sie diesen Verlust erleiden mussten. Andere ziehen sich aus religiösen oder spirituellen Gemeinschaften zurück, weil sie keine Antworten auf ihre Fragen finden oder sich von wohlmeinenden, aber nicht hilfreichen Erklärungen verletzt fühlen.

Gleichzeitig gibt es Menschen, die in ihrer Trauer eine neue, tiefere Verbindung zu ihrer Spiritualität finden. Vielleicht stellst du fest, dass Rituale wie das Anzünden einer Kerze, das stille Gebet oder meditative Momente Trost spenden. Manche entdecken, dass sie mit dem Verstorbenen auf eine andere Weise kommunizieren können: durch Erinnerungen, durch Symbole oder durch

Zeichen im Alltag. Es gibt Trauernde, die sagen, dass sie das Gefühl haben, die verstorbene Person sei ihnen nahe, wenn ein bestimmter Schmetterling vorbeifliegt, eine bestimmte Melodie im Radio spielt oder ein Lichtschein sie an gemeinsame Momente erinnert. Diese kleinen Zeichen können eine Brücke zwischen der sichtbaren und der unsichtbaren Welt sein und helfen, die Verbindung zu bewahren.

Für viele Trauernde verändert sich mit der Zeit ihre Vorstellung von Spiritualität. Der Glaube, sei es an eine höhere Macht, das Universum oder an eine tiefere Verbundenheit zwischen Menschen, kann sich wandeln. Manche finden in der Trauer einen neuen Zugang zu spirituellen Praktiken, während andere sich von alten Überzeugungen lösen. Rituale, Gebete oder persönliche Zeremonien können helfen, den Verlust zu verarbeiten und einen Raum für Erinnerungen und Verbundenheit zu schaffen. Letztlich ist die spirituelle Dimension der Trauer eine Reise, die jeder für sich selbst entdecken muss.

Ein wichtiger Aspekt dieser Dimension ist auch die Frage nach dem Weiterleben der Seele. Viele Menschen stellen sich die Frage: Wo ist der Verstorbene jetzt? Gibt es ein Leben nach dem Tod? Ist er oder sie noch auf irgendeine Weise bei mir? Für manche bietet der Gedanke an eine unsterbliche Seele oder an eine Wiedervereinigung in einer anderen Form Trost. Andere wiederum suchen eher philosophische oder wissenschaftliche Antworten und finden Erklärungen in Energie, Erinnerung oder dem natürlichen Kreislauf des Lebens. Es gibt keine richtige oder falsche Antwort auf diese Fragen – entscheidend ist, was für dich persönlich stimmig ist und dir hilft, mit dem Verlust zu leben.

Auch der Umgang mit Schuld, Vergebung und innerem Frieden kann in der spirituellen Dimension der Trauer eine Rolle spielen. Vielleicht trägst du Gedanken mit dir herum wie: „Hätte ich mehr tun können? Hätte ich etwas anderes sagen sollen?" Solche Fragen können belasten und es erschweren, Frieden mit dem Verlust zu schließen. In vielen spirituellen Traditionen spielt Vergebung eine zentrale Rolle, nicht nur gegenüber anderen, sondern auch gegenüber sich selbst. Rituale der Vergebung oder der inneren Versöhnung können helfen, Schuldgefühle loszulassen und mit dem Verstorbenen auf einer neuen Ebene in Frieden zu sein.

Schließlich kann die spirituelle Dimension der Trauer auch dazu führen, dass du deine eigene Endlichkeit bewusster wahrnimmst. Der Tod eines geliebten Menschen erinnert uns daran, dass nichts im Leben selbstverständlich ist. Viele Menschen beginnen nach einem Verlust, ihr eigenes Leben mit anderen Augen zu sehen: Was ist mir wirklich wichtig? Welche Beziehungen möchte ich pflegen? Was möchte ich hinterlassen? Diese Fragen können schwer sein, aber sie können auch zu einer tiefen persönlichen Entwicklung führen. Manche Menschen finden durch die Auseinandersetzung mit der Endlichkeit einen neuen Sinn oder eine neue Wertschätzung für das Leben.

Trauer ist nicht nur Schmerz, sondern auch eine Suche nach Bedeutung. Die spirituelle Dimension kann dir helfen, deinen eigenen Weg mit der Trauer zu finden, sei es durch den Glauben, durch Rituale, durch Meditation oder durch die bewusste Erinnerung an den Verstorbenen. Es gibt keine festgelegte Richtung, die du einschlagen musst. Deine Trauer ist so einzigartig wie deine Beziehung zu der verlorenen Person. Erlaube dir, zu suchen, zu zweifeln, zu hinterfragen. Und vielleicht findest du in dieser Reise etwas, das dir Trost gibt und dir hilft, mit dem Verlust weiterzuleben.

Jede dieser Dimensionen ist ein Teil deiner Trauer, und sie greifen ineinander. Manche Aspekte treten stärker in den Vordergrund als andere, und mit der Zeit kann sich das verschieben. Wichtig ist, dass du all diese Ebenen wahrnimmst und ihnen Raum gibst. Es gibt keinen „richtigen" Weg zu trauern, aber es gibt Wege, die dir helfen können, dich in diesem Chaos zurechtzufinden. Dein Körper, deine Gefühle, deine Beziehungen und dein Sinnverständnis verändern sich, aber du musst diesen Prozess nicht allein durchstehen. Indem du deine Trauer verstehst, kannst du beginnen, einen Umgang mit ihr zu finden. Vielleicht nicht sofort, vielleicht nicht auf eine Weise, die andere erwarten, aber auf eine Weise, die für dich stimmig ist. Und das ist letztlich das Wichtigste.

03. Mythen über Trauer

Trauer ist ein universelles menschliches Erlebnis, doch sie wird oft missverstanden. Über die Jahrhunderte hinweg haben sich viele Mythen und Annahmen über Trauer entwickelt, einige aus Unwissenheit, andere aus dem Bedürfnis, den Schmerz erträglicher zu machen oder ihn zu kontrollieren. Diese Mythen können jedoch problematisch sein. Sie setzen Trauernde unter Druck, erzeugen Schuldgefühle oder verhindern eine natürliche Verarbeitung des Verlustes. Wer trauert, erlebt oft nicht nur den eigenen Schmerz, sondern muss sich auch mit Erwartungen und Vorstellungen aus seinem Umfeld auseinandersetzen. Es kann sein, dass du das Gefühl hast, deine Trauer entspreche nicht dem, was von dir erwartet wird, als gäbe es eine gesellschaftlich festgelegte Art, zu trauern. Doch das ist nicht wahr.

Vielleicht hast du selbst schon Sätze gehört wie „Das Leben geht weiter" oder „Du musst stark sein". Vielleicht hattest du den Eindruck, dass deine Trauer von anderen bewertet oder sogar kommentiert wurde. Doch Trauer ist keine Leistung, die man nach bestimmten Regeln vollbringen muss. Sie ist eine zutiefst persönliche Erfahrung, die in vielen Formen auftreten kann. Manche Menschen brechen sofort in Tränen aus, andere fühlen sich wie betäubt, wieder andere erleben Phasen der intensiven Emotionen, gefolgt von Momenten scheinbarer Normalität.

Viele Menschen sind sich nicht bewusst, wie sehr gesellschaftliche Normen und Überzeugungen beeinflussen, wie sie Trauer erleben und verarbeiten. Trauer wird oft durch kulturelle und familiäre Werte geprägt. In manchen Kulturen wird offenes Weinen als ein Zeichen der Ehrerbietung gegenüber dem Verstorbenen gesehen, während in anderen Zurückhaltung als Ausdruck von Stärke gilt. Auch innerhalb einer Gesellschaft gibt es unterschiedliche Erwartungen: Während manche Menschen glauben, dass Trauer sichtbar und emotional ausgedrückt werden sollte, erwarten andere eine möglichst schnelle Rückkehr zur Normalität. Diese gesellschaftlichen Vorstellungen setzen viele Trauernde unter Druck und führen dazu, dass sie sich fragen, ob sie „richtig" trauern. Doch es gibt keinen „richtigen" oder „falschen" Weg zu trauern. Es gibt nur deinen eigenen.

Das Bild, das in Filmen, Büchern oder in den Erzählungen älterer Generationen von Trauer gezeichnet wird, weicht oft stark von der Realität ab. Häufig wird Trauer dort als eine Phase dargestellt, die nach einer bestimmten Zeit überwunden ist. Charaktere in Geschichten erleben einen intensiven Schmerz, durchlaufen dann eine Veränderung und kehren schließlich gestärkt ins Leben zurück, als sei Trauer eine lineare Entwicklung mit einem klaren Ende. In Wirklichkeit verläuft Trauer chaotisch und unvorhersehbar. Sie kann einen Menschen Monate oder Jahre begleiten, sich in Wellen bewegen und sich immer wieder unerwartet zeigen. Wer mit diesen medialen Bildern aufwächst, kann sich in der eigenen Trauer fremd fühlen und das Gefühl bekommen, dass er oder sie nicht „normal" trauert. Vielleicht fragst du dich, warum deine Trauer nicht in ein bestimmtes Muster passt oder warum du nach außen hin funktionierst, obwohl du innerlich zerbrochen bist. Doch Trauer folgt keiner simplen Dramaturgie. Sie ist komplex, unberechenbar und einzigartig.

Dazu kommt, dass Trauer im Alltag oft wenig Platz hat. In vielen Gesellschaften gibt es zwar feste Rituale für die ersten Tage oder Wochen nach einem Verlust, Beerdigungen, Trauerfeiern, Beileidsbekundungen, doch danach wird erwartet, dass das Leben weitergeht. Arbeitgeber geben oft nur wenige Tage oder Wochen zur Trauerbewältigung, und das soziale Umfeld beginnt nach einer gewissen Zeit, weniger nachzufragen. Dies kann dazu führen, dass sich Trauernde einsam fühlen, weil sie merken, dass ihre Trauer noch lange nicht vorbei ist, während ihre Umgebung bereits zur Tagesordnung übergeht. Vielleicht fühlst du dich unverstanden, weil du noch mitten in deinem Schmerz steckst, während andere erwarten, dass du nach vorne blickst. Doch Trauer hält sich nicht an Fristen oder gesellschaftliche Erwartungen. Sie ist ein stiller Begleiter, der sich in deinem Tempo bewegt.

Ein weiteres Problem ist, dass sich viele Trauernde nicht trauen, offen über ihre Gefühle zu sprechen. Sie fürchten, andere zu belasten oder als schwach zu gelten. Besonders in einer Leistungsgesellschaft, die Produktivität und Funktionalität in den Vordergrund stellt, kann Trauer als eine Art „Störung" empfunden werden. Menschen, die sich noch Monate oder Jahre nach einem Verlust traurig fühlen, befürchten manchmal, dass mit ihnen etwas nicht stimmt. Sie versuchen, ihre Trauer zu verbergen oder schneller „wieder normal" zu sein, als es für sie eigentlich gut wäre. Doch Trauer ist kein Zeichen von Schwäche. Sie ist eine natürliche Reaktion auf

Verlust und verdient Anerkennung, egal, wie lange sie andauert oder wie sie sich äußert. Du darfst trauern. Du darfst den Schmerz fühlen, so lange es nötig ist.

Ein weiterer verbreiteter Irrglaube ist, dass Trauer nur mit dem Verlust eines geliebten Menschen verbunden ist. Natürlich ist der Tod eines nahestehenden Menschen eine der tiefgreifendsten Erfahrungen, doch Trauer tritt in vielen Formen auf. Der Verlust eines Haustiers, einer Beziehung, der eigenen Gesundheit oder eines Lebenstraums kann genauso intensive Trauergefühle auslösen. Gesellschaftlich wird diesen Formen der Trauer oft weniger Raum gegeben, wodurch sich Betroffene unverstanden oder nicht berechtigt fühlen, zu trauern. Doch Trauer ist nicht an bestimmte Ereignisse gebunden, sie ist eine Reaktion auf jede Form von Verlust. Wer zum Beispiel durch eine Krankheit seine Unabhängigkeit verliert oder mit dem Ende einer langjährigen Freundschaft konfrontiert ist, kann eine tiefe Trauer empfinden. Diese Trauer ist genauso real und verdient Anerkennung. Vielleicht hast du selbst einen Verlust erlebt, der von anderen als „nicht so schlimm" abgetan wurde. Doch du allein bestimmst, was für dich ein schwerer Verlust ist. Niemand sonst.

Indem wir diese Mythen hinterfragen und unsere Vorstellungen von Trauer erweitern, können wir sowohl uns selbst als auch anderen helfen, besser mit Verlust umzugehen. Trauer ist ein individueller, komplexer Prozess, und es gibt keinen „richtigen" oder „falschen" Weg, sie zu durchleben. Wichtig ist, sich selbst Zeit und Raum zu geben, Trauer anzunehmen und sie als natürlichen Teil des Lebens zu betrachten. Vielleicht fragst du dich, ob du jemals wieder ohne diesen Schmerz leben kannst. Vielleicht fühlst du dich, als würdest du für immer in diesem Zustand bleiben. Doch so wie Trauer sich verändert, veränderst du dich mit ihr. Du wirst neue Wege finden, den Verlust in dein Leben zu integrieren, und zwar nicht, indem du ihn vergisst, sondern indem du lernst, mit ihm weiterzuleben.

Letztlich hilft es, sich bewusst zu machen, dass jeder Mensch seinen eigenen Weg finden muss, um mit Trauer umzugehen. Anstatt Trauernden vorzuschreiben, wie sie fühlen oder handeln sollen, ist es hilfreicher, ihnen zuzuhören und ihnen den Raum zu geben, den sie brauchen. Wer Trauer versteht, kann sich selbst und andere besser unterstützen, nicht mit vorgefertigten Lösungen, sondern mit echtem Mitgefühl. Und wenn du selbst trauerst: Erlaube dir, so zu trauern, wie du es brauchst. Ohne Druck, ohne Schuldgefühle, ohne das Gefühl, dich erklären zu müssen. Denn deine Trauer gehört dir.

04. Trauerphasen

Trauer ist ein tiefgehender und oft überwältigender Prozess, der viele Facetten hat. Um diesen besser zu verstehen, haben Wissenschaftler und Therapeuten verschiedene Modelle entwickelt, die typische Muster der Trauerverarbeitung beschreiben. Diese Phasenmodelle können Orientierung bieten, auch wenn sie nicht als starre Regeln zu verstehen sind. Jeder Mensch trauert auf seine eigene Weise, nicht jeder durchläuft alle Phasen in der gleichen Reihenfolge oder mit der gleichen Intensität. Dennoch helfen diese Modelle, eigene Gefühle einzuordnen und zu erkennen, dass Trauer ein dynamischer Prozess ist.

Das Fünf-Phasen-Modell von Elisabeth Kübler-Ross

Eines der bekanntesten Modelle stammt von der Psychiaterin Elisabeth Kübler-Ross. Sie entwickelte das sogenannte "Fünf-Phasen-Modell" der Trauer, das ursprünglich für sterbende Menschen gedacht war, später aber auch auf Trauernde angewendet wurde. Kübler-Ross beschreibt fünf Phasen, die Menschen nach einem schweren Verlust durchleben können. Diese Phasen sind nicht starr und linear, sondern oft überlappend, wiederkehrend oder in unterschiedlicher Intensität ausgeprägt. Manche springen zwischen den Phasen hin und her oder verharren in einer länger als in einer anderen. Dennoch kann das Modell helfen, verschiedene emotionale Zustände während der Trauer besser zu verstehen und zu verarbeiten.

Verleugnung (Nicht-Wahrhaben-Wollen)

Vielleicht kennst du das Gefühl selbst: Der Moment, in dem du eine Nachricht erhältst, die dein Leben verändert, oder die ersten Stunden und Tage nach einem schweren Verlust: alles fühlt sich unwirklich an. Dein Verstand weigert sich, das Geschehene zu akzeptieren. Es ist, als ob du in einem Film wärst, als ob alles um dich herum weiterläuft, während deine eigene Welt stillsteht.

Diese Phase ist ein Schutzmechanismus deiner Psyche. Die Verleugnung bewahrt dich vor der vollen Wucht des Schmerzes. Sie gibt dir Zeit, dich langsam an die neue Realität heranzutasten, ohne von ihr überwältigt zu werden. Vielleicht ertappst du dich dabei, wie du erwartest, dass die verstorbene Person jeden Moment durch die Tür tritt. Vielleicht hörst du Geräusche, die dich für einen kurzen Augenblick glauben lassen, sie sei noch da. Oder du vermeidest es, ihren Namen auszusprechen, weil die Realität dadurch unausweichlicher erscheint.

In dieser Phase funktionieren viele Menschen äußerlich noch scheinbar normal. Sie erledigen organisatorische Dinge, planen die Beerdigung, kümmern sich um Formalitäten, nicht, weil sie nicht trauern, sondern weil der Verstand noch nicht bereit ist, die Tragweite des Verlusts zu erfassen. Andere ziehen sich zurück, sind wie erstarrt oder haben das Gefühl, sich durch einen dichten Nebel zu bewegen. Beides ist normal.

Doch irgendwann beginnt dein Verstand, die Wahrheit Stück für Stück zuzulassen. Es ist wichtig, sich in dieser Phase nicht unter Druck zu setzen. Du musst nicht sofort „loslassen" oder den Verlust vollständig erfassen. Dein Verstand nimmt sich die Zeit, die er braucht. Verleugnung bedeutet nicht, dass du dich dem Verlust nicht stellen wirst. Sie ist ein erster, sanfter Schutz auf dem langen Weg durch die Trauer.

Wut

Mit dem langsamen Begreifen der Realität kommt häufig Wut auf. Diese kann sich gegen dich selbst, gegen andere Menschen oder sogar gegen die verstorbene Person richten. Fragen wie „Warum musste das passieren?" oder „Warum ich?" sind typisch. Wut ist eine natürliche Reaktion auf Schmerz und Hilflosigkeit. Sie kann sich in verschiedenen Formen äußern – als Frustration über das Leben, als Vorwurf gegenüber Ärzten, als Ärger auf das Schicksal oder sogar als Zorn auf den Verstorbenen, weil er dich „allein gelassen" hat.

Vielleicht spürst du diese Wut in Momenten, in denen du es nicht erwartest, wenn du auf eine glückliche Familie blickst und dich fragst, warum du dein geliebtes Familienmitglied verloren hast, während sie unbeschwert weiterleben können. Vielleicht ärgerst du dich über die gut gemeinten Worte von Menschen, die nicht verstehen, wie tief dein Schmerz reicht. Wut kann plötzlich über dich kommen, manchmal scheinbar ohne ersichtlichen Anlass. Sie ist ein Zeichen dafür, dass du innerlich nach einer Erklärung suchst, nach einer Gerechtigkeit, die es in diesem Moment nicht gibt.

Diese Wut darf sein. Sie bedeutet nicht, dass du die verstorbene Person weniger geliebt hast, sie bedeutet nur, dass dein Schmerz einen Ausdruck sucht. Wichtig ist es, sie nicht zu unterdrücken, sondern ihr einen gesunden Raum zu geben. Sei es durch Bewegung, Gespräche oder kreative Ausdrucksformen wie Schreiben oder Malen.

Verhandeln

Vielleicht kennst du dieses Gefühl: du suchst nach Möglichkeiten, die Situation doch noch zu verändern, selbst wenn du weißt, dass es unmöglich ist. In dieser Phase versuchen viele Trauernde, den Verlust auf irgendeine Weise rückgängig zu machen oder eine andere Realität auszuhandeln. Gedanken wie „Hätte ich nur anders gehandelt…", „Was wäre, wenn ich schneller reagiert hätte?" oder „Vielleicht gibt es doch eine Möglichkeit, das ungeschehen zu machen" tauchen immer wieder auf.

Schuldgefühle können in dieser Phase sehr präsent sein. Vielleicht hast du das Gefühl, du hättest mehr Zeit mit der verstorbenen Person verbringen sollen. Doch so schmerzhaft diese Gedanken auch sein mögen, sie ändern nichts an der Realität. Niemand hat absolute Kontrolle über das Leben. Es kann helfen, sich bewusst zu machen, dass du nach einer Antwort suchst, um mit dem Schmerz umgehen zu können, nicht, weil du tatsächlich etwas hättest verhindern können.

Depression

Vielleicht spürst du es ganz deutlich, die tiefe Traurigkeit, die sich über dein Leben legt wie eine schwere Decke. Die Tage ziehen vorbei, aber du hast das Gefühl, in ihnen nicht wirklich anwesend zu sein.

Diese Phase der Trauer ist eine der schwersten, weil sie dich mit der ganzen Wucht des Verlusts konfrontiert. Gedanken kreisen immer wieder um das, was gewesen ist, um das, was nie wieder sein wird. Vielleicht fragst du dich, wie du jemals ohne diesen geliebten Menschen weiterleben sollst.

Es ist wichtig, zu verstehen, dass diese Gefühle normal sind. Sie sind kein Zeichen von Schwäche, und sie bedeuten nicht, dass du für immer in dieser Dunkelheit gefangen bleiben wirst. Falls du jedoch spürst, dass dich diese Phase völlig überwältigt, zögere nicht, dir Unterstützung zu suchen.

Akzeptanz

Irgendwann kommt ein Moment, in dem du spürst, dass du mit deinem Verlust anders umgehst als zuvor. Du erkennst, dass du den geliebten Menschen niemals vergessen wirst, aber du beginnst, mit der Realität zu leben. Vielleicht merkst du, dass du wieder lachen kannst, ohne dich schuldig zu fühlen, oder dass du dich an gemeinsame Momente erinnerst, ohne dass sie dich sofort in tiefe Traurigkeit stürzen.

Akzeptanz bedeutet nicht, dass die Trauer endet, sondern dass sie sich in dein Leben integriert. Vielleicht findest du Wege, die Erinnerung an den Verstorbenen zu bewahren, ein besonderes Ritual, ein Symbol oder eine neue Bedeutung, die du aus dieser Erfahrung schöpfst.

Das Fünf-Phasen-Modell von Elisabeth Kübler-Ross ist ein wertvolles Werkzeug, um die Komplexität der Trauer zu verstehen. Es zeigt, dass alle Gefühle, die in diesem Prozess entstehen, normal sind. Dennoch ist Trauer individuell. Es gibt keinen richtigen oder falschen Weg. Wichtig ist, dass du dir die Zeit nimmst, die du brauchst, um deinen eigenen Trauerweg zu gehen. Du bist nicht allein. Es gibt Menschen, die diesen Weg mit dir gehen können.

Das Trauer-Kaleidoskop von Chris Paul

Neben dem Fünf-Phasen-Modell von Elisabeth Kübler-Ross gibt es weitere Ansätze, die Trauer nicht als linearen Prozess, sondern als facettenreiches, individuelles Erleben begreifen. Ein besonders einfühlsames Modell ist das Trauer-Kaleidoskop der deutschen Trauerbegleiterin Chris Paul. Es beschreibt Trauer nicht als festen Ablauf von Phasen, sondern als Zusammenspiel verschiedener Aspekte, die sich immer wieder neu anordnen, ähnlich wie die bunten Muster in einem Kaleidoskop.

Trauer ist nicht eindimensional. Sie besteht aus verschiedenen Elementen, die sich ständig verändern und unterschiedlich stark in Erscheinung treten. Manchmal stehen bestimmte Aspekte im Vordergrund, dann treten sie wieder in den Hintergrund, während andere wichtiger werden. Genau dieses Wechselspiel macht das

Trauer-Kaleidoskop so passend als Bild für den Trauerprozess. Chris Paul beschreibt sechs Facetten, die in der Trauer vorkommen – nicht als aufeinanderfolgende Phasen, sondern als parallele und dynamische Prozesse, die sich gegenseitig beeinflussen.

Um die unterschiedlichen Dimensionen der Trauer greifbarer zu machen, hat Chris Paul jeder Facette eine Farbe zugeordnet. Diese Farben sind nicht zufällig gewählt, sondern stehen symbolisch für die jeweiligen Herausforderungen und Erfahrungen, die mit ihnen verbunden sind. Sie helfen dabei, die Trauer als ein sich wandelndes, lebendiges Geschehen zu begreifen – ähnlich wie die ständig wechselnden Muster in einem Kaleidoskop. Die Farben verdeutlichen zudem, dass keine dieser Facetten allein steht oder dauerhaft im Mittelpunkt bleibt, sondern dass sie sich überlagern, abwechseln und unterschiedlich intensiv wahrgenommen werden. Dieses Farbkonzept macht sichtbar, dass Trauer nicht nur dunkel oder schwer sein muss, sondern auch Momente der Klarheit, der Verbindung und sogar des Wachstums enthalten kann. Manchmal stehen bestimmte Aspekte im Vordergrund, dann treten sie wieder in den Hintergrund, während andere wichtiger werden. Genau dieses Wechselspiel macht das Trauer-Kaleidoskop so passend als Bild für den Trauerprozess. Chris Paul beschreibt sechs Facetten, die in der Trauer vorkommen, nicht als aufeinanderfolgende Phasen, sondern als parallele und dynamische Prozesse, die sich gegenseitig beeinflussen.

Überleben: Der erste Schock und das Funktionieren (Orange)

Die Farbe Orange steht für Aktivität und Energie, doch in dieser Phase symbolisiert sie eher das Überleben auf einer instinktiven Ebene. In den ersten Tagen, Wochen oder sogar Monaten nach einem Verlust geht es oft nur darum, irgendwie durch den Tag zu kommen. Vielleicht kennst du dieses Gefühl: Du funktionierst, erledigst das Nötigste, aber innerlich bist du wie betäubt. Dein Körper und Geist arbeiten auf Hochtouren, um dich vor einer völligen Überlastung zu schützen. Diese Reaktion ist völlig normal und dient dazu, dich schrittweise an die neue Realität heranzuführen.

Oft ist der Körper in dieser Phase im Ausnahmezustand. Manche Menschen erleben Schlaflosigkeit, andere schlafen übermäßig viel. Vielleicht hast du kaum Appetit oder isst unkontrolliert. Die Energie, die du hast, wird für das bloße Überleben aufgebracht. Viele berichten, dass sie sich wie in einem Tunnel fühlen, in dem die Außenwelt nur gedämpft wahrnehmbar ist. Das ist ein natürlicher Schutzmechanismus. Dein System dosiert, wie viel Realität du in diesem Moment verkraften kannst.

Auch wenn du dich wie ein Roboter fühlst, kann es hilfreich sein, bewusst kleine Stabilitätspunkte in den Alltag einzubauen: eine warme Mahlzeit, ein Spaziergang, das Zuhören von Musik. Es sind oft die kleinen Dinge, die dich stützen können, wenn alles andere auseinanderzubrechen scheint.

In den ersten Tagen, Wochen oder sogar Monaten nach einem Verlust geht es oft nur darum, zu überleben. Vielleicht kennst du dieses Gefühl: Du funktionierst, erledigst das Nötigste, aber innerlich bist du wie betäubt. Dein Körper und Geist arbeiten auf Hochtouren, um dich vor einer völligen Überlastung zu schützen. Diese Reaktion ist völlig normal und dient dazu, dich schrittweise an die neue Realität heranzuführen. Vielleicht bist du wie im Autopilot-Modus, spürst wenig oder gar nichts, oder du hast das Gefühl, dass alles um dich herum unwirklich ist.

In dieser Phase kann es sein, dass dein Körper ungewöhnlich reagiert. Manche Menschen schlafen kaum noch, während andere sich völlig erschöpft fühlen und den ganzen Tag im Bett bleiben möchten. Manche erleben Appetitlosigkeit, andere wiederum greifen zu Essen, um sich zu trösten. Diese körperlichen Reaktionen sind Zeichen dafür, dass dein Organismus unter Hochspannung steht. Vielleicht bemerkst du, dass du keine Emotionen zeigen kannst, obwohl du weißt, dass du trauerst. Andere erleben Momente des plötzlichen Zusammenbruchs, in einem Supermarkt, während einer Autofahrt oder mitten in einer Besprechung.

Du kannst dich in dieser Phase nicht dazu zwingen, anders zu fühlen, als du es gerade tust. Es ist völlig in Ordnung, wenn du dich einfach nur von Tag zu Tag schleppst. Kleine Routinen können dir helfen, etwas Halt zu finden: ein kurzer Spaziergang, eine warme Dusche, eine feste Zeit für eine Mahlzeit. Selbst wenn es sich bedeutungslos anfühlt: Diese kleinen Handlungen stabilisieren dich in einer Welt, die gerade völlig aus den Fugen geraten ist.

In den ersten Tagen, Wochen oder sogar Monaten nach einem Verlust geht es oft nur darum, zu überleben. Vielleicht kennst du dieses Gefühl: Du funktionierst, erledigst das Nötigste, aber innerlich bist du wie betäubt. Dein Körper und Geist arbeiten auf Hochtouren, um dich vor einer völligen Überlastung zu schützen. Diese Reaktion ist völlig normal und dient dazu, dich schrittweise an die neue Realität heranzuführen. Vielleicht bist du wie im Autopilot-Modus, spürst wenig oder gar nichts, oder du hast das Gefühl, dass alles um dich herum unwirklich ist. Dieses „Überleben" ist eine Schutzfunktion, die dir Zeit gibt, bevor du dich der vollen Wucht des Verlustes stellen kannst.

Wirklichkeit begreifen: Das tiefe Verstehen des Verlustes (Dunkelgrau)

Dunkelgrau steht für Ernsthaftigkeit, Schwere und eine tiefe Auseinandersetzung mit der Realität. Diese Facette beschreibt den schmerzhaften Prozess, den Verlust wirklich zu erfassen, und das nicht nur kognitiv, sondern auch emotional. Dein Verstand weiß vielleicht schon, dass der geliebte Mensch nicht mehr da ist, doch dein Herz hält noch an der alten Realität fest. Es kann Momente geben, in denen du fast vergisst, dass die Person nicht mehr existiert, bis du von einer Erinnerung, einem bestimmten Geruch oder einer vertrauten Routine zurück in die Wirklichkeit gezogen wirst.

Dieses Begreifen kommt oft schubweise. Manchmal spürst du es als einen plötzlichen Stich ins Herz, wenn du unbewusst nach der Person suchst oder ihr Lachen in einer Menschenmenge zu hören glaubst. Andere Male kommt es schleichend. Du stellst fest, dass du ihre Stimme nicht mehr genau in deinem Kopf abrufen kannst, dass ihre Sachen unberührt liegen bleiben oder dass du ihre Nummer in deinem Handy nicht löschen kannst.

Diese Phase kann sehr schmerzhaft sein, aber sie ist notwendig, um langfristig mit der Realität leben zu können. Erlaube dir, diesen Schmerz zu fühlen. Sprich über deine Erinnerungen, schreibe sie auf oder finde einen bewussten Weg, sie in dein Leben zu integrieren. Das Begreifen des Verlustes ist nicht das Ende der Trauer, sondern ein wichtiger Schritt, um die neue Lebenswirklichkeit anzunehmen.

Mit der Zeit beginnt dein Verstand zu realisieren, dass der geliebte Mensch nicht mehr zurückkommt. Doch dieses Begreifen geschieht nicht auf einmal, sondern in kleinen Schritten. Vielleicht gibt es Momente, in denen du voller Hoffnung bist, dass alles nur ein böser Traum ist, bis du dann durch eine Erinnerung oder eine alltägliche Situation wieder hart auf den Boden der Realität zurückgeholt wirst. Dieses Erkennen kann schmerzhaft sein, und oft wechseln sich Momente der Klarheit mit Momenten der Verleugnung ab.

Vielleicht findest du dich dabei wieder, dass du unbewusst nach der verstorbenen Person suchst, in Menschenmengen, in gewohnten Orten oder in der Art, wie jemand spricht. Manchmal schreckst du in der Nacht hoch, weil du das Gefühl hast, ihre Stimme gehört zu haben. Diese Momente sind Ausdruck davon, wie tief die Verbindung noch in deinem Inneren verankert ist.

Das Begreifen des Verlustes ist kein einzelner Moment, sondern ein langsamer, oft schmerzhafter Prozess. Du wirst es vielleicht immer wieder erleben – an Jahrestagen, bei besonderen Liedern, bei Gerüchen, die dich an die Person erinnern. Diese Erkenntnis kann sich überwältigend anfühlen, aber sie ist auch ein Schritt zur Integration des Verlustes in dein Leben.

Mit der Zeit beginnt dein Verstand zu realisieren, dass der geliebte Mensch nicht mehr zurückkommt. Doch dieses Begreifen geschieht nicht auf einmal, sondern in kleinen Schritten. Vielleicht gibt es Momente, in denen du voller Hoffnung bist, dass alles nur ein böser Traum ist, bis du dann durch eine Erinnerung oder eine alltägliche Situation wieder hart auf den Boden der Realität zurückgeholt wirst. Dieses Erkennen kann schmerzhaft sein, und oft wechseln sich Momente der Klarheit mit Momenten der Verleugnung ab. In dieser Phase kann es helfen, sich bewusst Zeit zu nehmen, um Erinnerungen zu verarbeiten, sich mit anderen auszutauschen oder zu schreiben, um die Gedanken zu sortieren.

Gefühle erleben: Die Vielfalt der Emotionen zulassen (Rosa)

Rosa symbolisiert Sensibilität, Verletzlichkeit, aber auch Wärme. Diese Facette steht für die emotionale Tiefe der Trauer. Trauer ist nicht nur traurig, sie kann auch wütend, erleichtert, verzweifelt, hoffnungsvoll oder widersprüchlich sein. Vielleicht kennst du Momente, in denen du lachst und dich danach sofort schuldig fühlst, als würdest du den Verstorbenen verraten. Vielleicht verspürst du Wut auf ihn oder auf das Schicksal. Vielleicht überrollen dich Schuldgefühle oder du verspürst Erleichterung, weil eine lange Leidenszeit zu Ende ist.

Es gibt keine „falschen" Gefühle in der Trauer. Alle Emotionen haben ihren Platz und ihre Berechtigung. Wenn du weinen musst, weine. Wenn du schreien willst, tue es. Wenn du lachen musst, dann lache – selbst mitten in der Trauer gibt es Momente des Lichts. Es kann helfen, deinen Gefühlen bewusst Ausdruck zu verleihen: durch Schreiben, Malen, Musik oder Gespräche mit vertrauten Menschen. Rosa erinnert dich daran, dass du sensibel sein darfst, zu dir selbst und zu deinen Emotionen.

Trauer ist nicht nur traurig. Sie ist ein komplexes Geflecht aus verschiedensten Gefühlen, die sich abwechseln, überlappen oder sogar gleichzeitig auftreten können. Vielleicht spürst du tiefe Traurigkeit, dann wieder Wut, Schuldgefühle oder Erleichterung. Manche Momente bringen Hoffnung, andere lassen dich in dunkle Gedanken abtauchen. All diese Gefühle sind berechtigt. Es gibt kein „richtiges" oder „falsches" Gefühl in der Trauer.

Besonders schwierig ist es, wenn widersprüchliche Emotionen auftauchen. Vielleicht empfindest du Erleichterung, weil ein lange kranker Mensch nicht mehr leidet, und gleichzeitig hast du Schuldgefühle dafür. Oder du bist wütend auf die verstorbene Person, weil sie dich allein gelassen hat, und schämst dich für diese Gedanken. Doch Trauer ist nicht logisch. Deine Gefühle zeigen, wie tief deine Verbindung war, und sie sind alle Teil deines inneren Prozesses.

Es kann helfen, einen Ausdruck für deine Emotionen zu finden. Manche schreiben Tagebuch, malen oder nutzen Musik, um ihre Gefühle zu verarbeiten. Andere suchen gezielt das Gespräch mit vertrauten Menschen oder professionellen Begleitern. Was auch immer dir hilft , erlaube dir, deine Emotionen zu fühlen, ohne sie zu bewerten.

Trauer ist nicht nur traurig. Sie ist ein komplexes Geflecht aus verschiedensten Gefühlen, die sich abwechseln, überlappen oder sogar gleichzeitig auftreten können. Vielleicht spürst du tiefe Traurigkeit, dann wieder Wut, Schuldgefühle oder Erleichterung. Manche Momente bringen Hoffnung, andere lassen dich in dunkle Gedanken abtauchen. All diese Gefühle sind berechtigt. Es gibt kein „richtiges" oder „falsches" Gefühl in der Trauer. Wichtig ist, dass du sie zulässt und ihnen Raum gibst, ohne Angst, dass sie dich überwältigen könnten. Gefühle, die du verdrängst, verschwinden nicht, sondern finden oft einen anderen Weg, sich auszudrücken. Vielleicht hilft es dir, über deine Emotionen zu sprechen, zu schreiben oder durch Bewegung, Musik oder kreative Ausdrucksformen einen Kanal für sie zu finden.

Sich anpassen: Neue Wege im veränderten Leben finden (Grün)

Grün steht für Wachstum, Veränderung und den Prozess der Anpassung. Nach einem Verlust verändert sich dein gesamtes Leben. Dinge, die früher selbstverständlich waren, fühlen sich nun fremd an. Du musst neue Routinen entwickeln, neue Wege finden, mit deinem veränderten Leben umzugehen. Vielleicht fühlst du dich orientierungslos, weil die Rolle, die du in Bezug auf den Verstorbenen hattest, plötzlich nicht mehr existiert.

Diese Phase bedeutet nicht, dass du den Verstorbenen vergisst oder dass deine Trauer verschwindet – sie bedeutet, dass du lernst, mit dem Verlust zu leben. Das geschieht nicht von heute auf morgen, sondern Schritt für Schritt. Vielleicht beginnst du, neue Gewohnheiten zu entwickeln, einen neuen Fokus zu finden oder bewusst Veränderungen in deinem Umfeld vorzunehmen, die dir helfen, die Lücke in deinem Leben zu akzeptieren.

Es ist völlig in Ordnung, wenn sich das Leben fremd anfühlt, wenn du dich unsicher fühlst oder nicht weißt, wo du anfangen sollst. Jeder kleine Schritt, den du in Richtung eines neuen Alltags machst, ist ein Fortschritt.

Nach einem Verlust verändert sich dein gesamtes Leben. Vielleicht hast du das Gefühl, dass nichts mehr so ist, wie es war. Routinen, die früher selbstverständlich waren, fühlen sich plötzlich sinnlos oder schwer an. Vielleicht stehst du vor der Herausforderung, neue Aufgaben zu übernehmen, dich neu zu orientieren oder das Leben ohne die verstorbene Person neu zu gestalten.

Diese Anpassung geschieht nicht über Nacht. Manchmal fühlt es sich an, als würdest du dich selbst in einer Welt bewegen, die du nicht mehr verstehst. Die Orte, die dir einst vertraut waren, scheinen fremd. Beziehungen können sich verändern. Vielleicht spürst du, dass manche Menschen mit deiner Trauer nicht umgehen können. Gleichzeitig kann es sein, dass neue Verbindungen entstehen, mit Menschen, die deine Erfahrung teilen oder dich verstehen, ohne viele Worte zu brauchen.

In dieser Phase kann es helfen, sich kleine, neue Rituale zu schaffen. Vielleicht beginnst du eine neue Gewohnheit, die dir Halt gibt, oder findest einen Weg, den Verstorbenen in deine neue Realität einzubinden, sei es durch ein tägliches Gespräch in Gedanken oder das Weiterführen einer gemeinsamen Tradition.

Nach einem Verlust verändert sich dein gesamtes Leben. Vielleicht hast du das Gefühl, dass nichts mehr so ist, wie es war. Routinen, die früher selbstverständlich waren, fühlen sich plötzlich sinnlos oder schwer an. Vielleicht stehst du vor der Herausforderung, neue Aufgaben zu übernehmen, dich neu zu orientieren oder das Leben ohne die verstorbene Person neu zu gestalten. Diese Anpassung geschieht nicht über Nacht. Sie erfordert Zeit, Geduld und oft auch das bewusste Zulassen von Unsicherheiten. Du wirst merken, dass sich mit der Zeit neue Wege auftun, langsam, Schritt für Schritt. Vielleicht entdeckst du neue Interessen, entwickelst neue Rituale oder findest Halt in neuen Beziehungen und Aktivitäten. Es ist ein Prozess des langsamen Wandels, in dem du dich selbst und deine Welt neu ordnen musst.

Verbunden bleiben: Eine neue Beziehung zum Verstorbenen aufbauen (Gelb)

Gelb steht für Licht, Hoffnung und das Weitertragen einer Verbindung. Der Tod eines geliebten Menschen bedeutet nicht, dass die Beziehung zu ihm endet. Viele Trauernde verspüren das Bedürfnis, weiterhin eine Verbindung zur verstorbenen Person aufrechtzuerhalten, sei es durch Rituale, Erinnerungsstücke oder besondere Orte, die eine Bedeutung hatten.

Vielleicht findest du es tröstlich, regelmäßig das Grab zu besuchen, eine Kerze anzuzünden oder ein Tagebuch zu führen, in dem du dem Verstorbenen deine Gedanken mitteilst. Manche Menschen hören alte Sprachnachrichten, tragen ein Schmuckstück oder führen Traditionen fort, die sie mit dem Verstorbenen geteilt haben.

Diese Phase ist ein wichtiger Teil der Trauer. Sie zeigt, dass du den geliebten Menschen nicht „loslassen" musst, du lernst nur, ihn auf eine andere Weise bei dir zu behalten.

Auch wenn der Mensch physisch nicht mehr da ist, bedeutet das nicht, dass er aus deinem Leben verschwinden muss. Viele Trauernde finden Trost darin, eine innere Verbindung zur verstorbenen Person aufrechtzuerhalten. Das kann durch Erinnerungen geschehen, durch Rituale, das Anschauen von Fotos oder das Weiterführen gemeinsamer Werte.

Manche Menschen sprechen in Gedanken mit der verstorbenen Person, besuchen regelmäßig das Grab oder tragen ein Symbol bei sich, das sie an sie erinnert. Andere setzen sich bewusst mit alten Erinnerungen auseinander, um sich die Bedeutung dieses Menschen ins Bewusstsein zu rufen. Diese neue Form der Beziehung ist kein Zeichen dafür, dass du nicht loslassen kannst, sondern ein Weg, den Verstorbenen auf eine andere Weise in deinem Leben zu behalten.

Auch wenn der Mensch physisch nicht mehr da ist, bedeutet das nicht, dass er aus deinem Leben verschwinden muss. Viele Trauernde finden Trost darin, eine innere Verbindung zur verstorbenen Person aufrechtzuerhalten. Das kann durch Erinnerungen geschehen, durch Rituale, das Anschauen von Fotos oder das Weiterführen gemeinsamer Werte. Manche schreiben Briefe an die verstorbene Person, sprechen in Gedanken mit ihr oder haben einen besonderen Ort, an dem sie sich ihr nahe fühlen. Dieses „Verbunden bleiben" kann ein wichtiger Schritt sein, um den Verlust zu integrieren, ohne die geliebte Person vollständig loslassen zu müssen. Denn Trauer bedeutet nicht, dass du vergisst, sondern dass du lernst, anders mit der Abwesenheit umzugehen.

Einordnen: Trauer in das eigene Leben integrieren (Blau)

Blau steht für Klarheit, Reflexion und eine tiefere Bedeutung. Diese Phase beschreibt den Prozess, den Verlust als Teil der eigenen Lebensgeschichte zu akzeptieren und zu einem neuen Selbstverständnis zu gelangen. Trauer verändert dich: sie macht dich vielleicht nachdenklicher, sensibler oder lässt dich dein eigenes Leben aus einer anderen Perspektive betrachten.

Vielleicht fragst du dich, welche Bedeutung der Verlust für dein Leben hat. Was hast du durch diese Erfahrung gelernt? Hat sie dich stärker gemacht? Hast du begonnen, Dinge anders zu bewerten? Diese Reflexion führt nicht dazu, dass der Schmerz verschwindet, aber sie hilft dir, mit ihm zu leben.

Blau erinnert dich daran, dass du eines Tages auf deinen Trauerprozess zurückblicken und erkennen wirst, dass du gewachsen bist. Nicht, weil du vergessen hast, sondern weil du gelernt hast, mit der Trauer zu leben, ohne dass sie dich definiert.

Mit der Zeit wirst du merken, dass sich deine Perspektive verändert. Trauer bleibt ein Teil deines Lebens, aber sie wird nicht mehr alles dominieren. Du beginnst, den Verlust in dein eigenes Leben einzuordnen, ihn als Teil deiner Geschichte zu betrachten und dich zu fragen, was du aus dieser Erfahrung mitnehmen kannst.

Vielleicht erkennst du, dass der Verlust dich verändert hat, dass du neue Seiten an dir entdeckst, neue Werte entwickelst oder dein Leben aus einer anderen Perspektive siehst. Manche Menschen engagieren sich in Erinnerung an die Verstorbene, andere finden neue Wege, mit dem Erlebten umzugehen.

Diese Einordnung bedeutet nicht, dass der Schmerz verschwindet, sondern dass er eine neue Form annimmt. Es ist der Moment, in dem du erkennst, dass du weiterleben darfst, mit der Trauer, aber nicht von ihr bestimmt.

Mit der Zeit wirst du merken, dass sich deine Perspektive verändert. Trauer bleibt ein Teil deines Lebens, aber sie wird nicht mehr alles dominieren. Du beginnst, den

Verlust in dein eigenes Leben einzuordnen, ihn als Teil deiner Geschichte zu betrachten und dich zu fragen, was du aus dieser Erfahrung mitnehmen kannst. Vielleicht erkennst du, dass der Verlust dich verändert hat, dass du neue Seiten an dir entdeckst, neue Werte entwickelst oder dein Leben aus einer anderen Perspektive siehst. Diese Einordnung bedeutet nicht, dass der Schmerz verschwindet, sondern dass er eine neue Form annimmt.

Das Modell von Chris Paul unterscheidet sich von vielen anderen Trauermodellen, weil es keine feste Reihenfolge vorgibt. Du kannst dich in verschiedenen Facetten gleichzeitig wiederfinden, von einer zur anderen wechseln und später zu bestimmten Aspekten zurückkehren. Manchmal überlagern sich mehrere Facetten oder treten wieder hervor, wenn du es nicht erwartest.

Trauer ist dynamisch. Sie verändert sich, wächst mit dir und nimmt neue Formen an. Es gibt keinen richtigen oder falschen Weg, sie zu durchleben – nur den, der für dich stimmig ist. Und egal, wo du dich gerade im Trauer-Kaleidoskop befindest: Du bist nicht allein. Dein Weg ist einzigartig, aber es gibt Menschen, die ihn mit dir gehen und dich in deiner Trauer begleiten.

05. Über den ersten Schock und die innere Leere

Gerade die erste Zeit nach einem Verlust trifft mit besonderer Wucht. Sie kommt oft ohne Vorwarnung, selbst wenn du dachtest, vorbereitet zu sein, selbst wenn dein Verstand wusste, dass dieser Moment kommen würde. Dein Kopf mag es begreifen, aber dein Herz kann es nicht fassen. Der Augenblick, in dem die Nachricht eintrifft, in dem das Unfassbare Realität wird, erschüttert dein ganzes Wesen. Es ist ein Moment, der alles verändert, eine Schneise in deine Welt schlägt und dich mit einer Leere zurücklässt, die sich kaum in Worte fassen lässt. Möglicherweise fühlst du dich, als hättest du den Boden unter den Füßen verloren, als würdest du in eine unermessliche Tiefe stürzen, ohne Halt, ohne Orientierung. Während die Welt um dich herum weitermacht, stehst du innerlich still. Nichts scheint mehr Sinn zu ergeben, und du weißt nicht, wie du den nächsten Moment, geschweige denn den nächsten Tag überstehen sollst.

Du bist nicht allein mit diesen Gefühlen. Der Schock, die Erstarrung, die Leere: all das sind natürliche Reaktionen auf einen Verlust, auf eine Realität, die zu groß ist, um sie auf einmal zu erfassen. Im vorhergehenden Kapitel haben wir uns mit den Trauermodellen von Elisabeth Kübler-Ross und Chris Paul beschäftigt. Sie können eine Orientierung geben, doch sie sind keine starren Regeln, die du befolgen musst. Kübler-Ross beschreibt Trauer als einen Prozess mit verschiedenen Phasen: Verleugnung, Wut, Verhandlung, Depression und Akzeptanz. Doch niemand durchläuft sie in einer festen Reihenfolge. Manche Menschen spüren zuerst eine tiefe Leere, dann Wut, dann wieder Verwirrung. Es kann sein, dass du zwischen den Gefühlen hin- und herspringst, dich einen Moment lang gefasst fühlst und im nächsten von einer Welle des Schmerzes überrollt wirst. Chris Paul betrachtet Trauer als Anpassungsleistung, als einen Weg, sich Stück für Stück an eine neue Realität zu gewöhnen. Es gibt dabei keinen vorgeschriebenen Ablauf. Dein Prozess ist dein eigener. Alles, was du fühlst, ist erlaubt. Und alles, was du nicht fühlst, ebenso.

Manchmal reagierst du gar nicht. Dein Körper scheint wie gelähmt, dein Geist eingefroren. Erstarrung ist eine normale Reaktion auf ein überwältigendes Ereignis. Sie ist tief in deinem Nervensystem verankert. Dein Körper schaltet in den „Freeze"-Modus, eine Schutzreaktion, die verhindert, dass dich der Schmerz sofort mit voller Wucht trifft. Während manche Menschen in Schocksituationen fliehen oder handeln, reagiert dein System vielleicht mit einem völligen Stillstand. Dein Geist weigert sich, das Geschehene zu akzeptieren, weil es zu groß, zu unfassbar ist. Dein Körper schützt dich, indem er eine Art innere Distanz erschafft. Das ist keine Schwäche, sondern eine uralte Überlebensstrategie.

Diese Starre kann beängstigend sein. Es mag sich anfühlen, als würdest du für immer in diesem Zustand bleiben. Doch das wirst du nicht. Dein Körper und dein Geist wissen, wann sie bereit sind, sich wieder zu bewegen. Manchmal löst sich die Erstarrung durch einen äußeren Impuls: ein Geräusch, eine Berührung, eine vertraute Stimme. Manchmal dauert es. Das ist in Ordnung. Es kann helfen, deinem Körper Signale zu geben, dass er sicher ist. Bewusstes Atmen, langsame Bewegungen, eine warme Decke, das Halten einer Tasse Tee – kleine Gesten können dich zurück in die Gegenwart holen. Wenn es dir möglich ist, versuche, sanfte Bewegungen in deinen Tag einzubauen. Ein kurzer Spaziergang, das Strecken der Arme, das Berühren von Gegenständen mit unterschiedlichen Texturen: all das kann helfen, deinen Körper und Geist wieder in Einklang zu bringen.

Neben der Erstarrung kann sich eine tiefe innere Leere ausbreiten. Sie fühlt sich anders an als der akute Schmerz des Verlustes. Während Trauer oft mit intensiven Emotionen wie Weinen, Wut oder Verzweiflung einhergeht, ist die Leere still, dumpf, fast unnahbar. Möglicherweise fühlst du dich entfremdet von deinem Umfeld. Gespräche erscheinen bedeutungslos, die Welt zieht an dir vorbei. Nichts kann dich wirklich berühren, selbst Dinge, die dir früher Freude bereitet haben, scheinen weit entfernt. Diese Leere kann so überwältigend sein, dass es den Eindruck erweckt, sie würde niemals verschwinden.

Doch so endgültig es sich anfühlen mag, diese Leere ist nicht für immer. Sie ist eine Schutzreaktion deines Geistes, um nicht von der Flut der Gefühle überrollt zu werden. Sie gibt dir Zeit, langsam mit der neuen Realität umzugehen. Sie erlaubt dir, dich schrittweise dem Verlust anzunähern, ohne dabei vollständig zu zerbrechen. Es kann helfen, diese Leere nicht als Feind zu betrachten, sondern als eine Phase, in der sich dein Inneres neu ordnet. Wenn du sie akzeptierst, statt gegen sie anzukämpfen, kann sie sich mit der Zeit verändern.

Manchmal hilft es, kleine Routinen beizubehalten oder neue zu schaffen, um wieder in Verbindung mit der Welt zu treten. Auch wenn es schwerfällt, kann es guttun, sich mit einfachen Tätigkeiten zu beschäftigen – selbst wenn sie zunächst sinnlos erscheinen. Ein kurzer Spaziergang, ein Buch in der Hand halten, Musik hören, auch wenn du nichts davon wirklich fühlst. All das sind Anker, die dir helfen können, langsam wieder Boden unter den Füßen zu gewinnen. Und wenn du das Bedürfnis hast, gar nichts zu tun, dann ist auch das in Ordnung. Dein Körper und Geist wissen, wann es Zeit ist, wieder etwas zu spüren.

Mit der Zeit wird der Schmerz anders. Er bleibt, aber er wird tragbarer. Mal ist er laut, mal leise, doch er wird Teil deiner Geschichte, ohne dich vollständig zu bestimmen. Es wird Momente geben, in denen du ihn kaum spürst, und dann wieder Tage, an denen er mit voller Intensität zurückkehrt. Das bedeutet nicht, dass du rückfällig wirst oder dass deine Heilung stagniert. Es bedeutet nur, dass dein Herz sich erinnert. Und Erinnerungen sind nicht nur schmerzhaft, sie sind auch ein Zeichen dafür, dass die Verbindung zu dem, was du verloren hast, immer noch existiert.

Du wirst dich wieder an Licht gewöhnen, an Stimmen, an das Leben, das weitergeht. Vielleicht geschieht es zunächst unbemerkt. Ein Lächeln in einem Gespräch, ein Moment des Friedens in der Stille. Dann ein Tag, an dem du spürst, dass du nicht nur funktionierst, sondern tatsächlich lebst. Dein Verlust bleibt ein Teil von dir, aber er muss nicht das Einzige sein, das dich definiert. Du kannst weitergehen, ohne dich von der Vergangenheit abzuschneiden. Trauer bedeutet nicht, dass du stehen bleiben musst. Sie bedeutet, dass du einen neuen Weg finden darfst. Einen Weg, auf dem du dein Herz für das Leben öffnest, ohne das, was dir wichtig war, zu verlieren.

Und irgendwann wirst du bemerken, dass du wieder atmest, ohne dass es weh tut. Dass du wieder lächelst, ohne Schuldgefühle. Dass du beginnst, deinen Weg weiterzugehen, mit dem Verlust, aber nicht mehr nur in ihm gefangen. Dass du nicht nur überlebst, sondern wieder ein Leben erschaffst, in dem Trauer und Freude, Schmerz und Liebe nebeneinander existieren dürfen.

Du bist immer noch hier. Und das ist ein Zeichen dafür, dass du weiterleben darfst.

06. Wieder Halt und Orientierung finden

Wenn das Leben von einem Moment auf den anderen erschüttert wird, wenn das, was eben noch vertraut war, plötzlich ins Wanken gerät, dann scheint alles ins Bodenlose zu stürzen. Der Halt, den du einst in Routinen, in Menschen oder in deiner eigenen Vorstellung von der Zukunft gefunden hast, fehlt auf einmal. Orientierungslosigkeit macht sich breit, und es kann sich anfühlen, als wärst du mitten im Sturm, ohne zu wissen, wo oben und unten ist. Alles, woran du dich zuvor festgehalten hast, scheint unbedeutend oder nicht mehr greifbar. Der Raum um dich herum fühlt sich fremd an, du bewegst dich durch den Tag wie durch eine verzerrte Realität, in der du selbst nicht mehr richtig existierst. Die Zukunft, die du dir ausgemalt hast, ist verschwunden, zurück bleibt nur ein ungewisses Nichts. Gedanken drehen sich im Kreis, und jeder Versuch, sie zu ordnen, endet in Erschöpfung. Es ist, als würdest du auf der Stelle treten, während die Welt sich weiterdreht. In solchen Momenten ist es entscheidend, sich selbst Halt und Orientierung zu geben. Doch was bedeuten diese Begriffe eigentlich? Halt ist das, was dich auffängt, wenn alles andere um dich herum zerbricht. Er ist das unsichtbare Fundament, auf dem du stehen kannst, auch wenn der Boden unter dir nachzugeben scheint. Halt kann in Ritualen liegen, in kleinen täglichen Handlungen, die dir eine Struktur geben, wenn sich sonst nichts sicher anfühlt. Halt ist nicht gleichzusetzen mit Kontrolle, denn Kontrolle kann dir entgleiten, aber Halt kannst du in dir selbst finden, indem du dir erlaubst, zu atmen, einen

Moment nach dem anderen zu nehmen und dir mit Mitgefühl zu begegnen.

Orientierung bedeutet, eine Richtung zu haben, auch wenn das Ziel noch nicht sichtbar ist. Es ist das innere Wissen, dass du irgendwohin unterwegs bist, auch wenn du den Weg nicht kennst. Orientierung entsteht oft nicht in klaren Antworten, sondern in der Fähigkeit, mit dem Unbekannten zu leben. Sie entsteht, wenn du lernst, dich auf das zu konzentrieren, was jetzt in diesem Moment für dich möglich ist, anstatt nach einem festen Plan zu suchen. Manchmal ist sie nur ein vages Gefühl, eine leise Ahnung, dass du weitergehen kannst, Schritt für Schritt. Und manchmal bedeutet sie einfach nur, nicht aufzugeben, auch wenn du nicht weißt, wohin du gehen sollst. Nicht, weil es einfach ist, sondern weil es notwendig ist, um nicht in der Tiefe der Verzweiflung zu versinken.

Du fragst dich vielleicht, wie das gehen soll, wenn du kaum Kraft hast, um den Tag zu überstehen. Wenn alles, was du tust, sich hohl anfühlt und du dich selbst nicht mehr wiedererkennst. Vielleicht ist jede Handlung, die du tust, nur eine mechanische Abfolge, ohne Bedeutung. Du funktionierst, aber du lebst nicht wirklich. Es kann sein, dass du morgens aufwachst und dich fragst, wozu du überhaupt aufstehst, weil der Tag nur eine Wiederholung von Leere und Unverständnis zu sein scheint. Doch Halt ist nicht etwas, das von außen kommen muss. Er ist nichts, das du erst finden musst, wenn alles vorbei ist. Halt entsteht oft in den kleinsten Dingen, in den kleinsten Gesten dir selbst gegenüber. In der Art, wie du dich umsorgst, selbst wenn du nichts fühlst. Und vor allem beginnt er damit, dir selbst zu erlauben, genau da zu sein, wo du gerade bist. Ohne Druck, ohne Erwartungen. Ohne den Zwang, stark sein zu müssen. Es ist nicht notwendig, alles zu verstehen oder zu kontrollieren. Manchmal reicht es, sich einzugestehen, dass es gerade nicht anders geht, und das auszuhalten.

Es kann sein, dass du das Bedürfnis spürst, dich an feste Strukturen zu klammern, weil alles andere sich aufgelöst hat. Vielleicht kannst du nichts davon ertragen, weil sich alles bedeutungslos anfühlt. Beides ist in Ordnung. Dein Geist sucht nach einem Anker, nach einer Richtung, nach etwas, das ihn in der Realität hält. Doch inmitten des Chaos können kleine Rituale helfen, dich wieder mit dir selbst zu verbinden. Etwas, das du jeden Tag tust, selbst wenn es nur ein bewusst getrunkener Tee ist, ein kurzes Innehalten, ein Atemzug. Vielleicht bedeutet es für dich, morgens ein bestimmtes Lied zu hören oder abends ein Buch in die Hand zu nehmen, auch wenn du nur eine Seite schaffst. Rituale sind keine Lösungen, aber sie geben dir eine Struktur in einer Zeit, in der alles formlos erscheint. Nicht, weil es den Schmerz verschwinden lässt. Sondern weil es dich daran erinnert, dass du noch hier bist. Dass du noch atmest. Dass du dir selbst gegenüber nicht verloren bist. Selbst die kleinste bewusste Handlung kann ein erster Schritt sein, sich wieder mit dem eigenen Dasein zu verbinden.

Manchmal entsteht Orientierung nicht daraus, sofort Antworten zu finden, sondern indem du anerkennst, dass du gerade keine hast. Du kannst dich fragen, was dir in der Vergangenheit geholfen hat, wenn du dich verloren gefühlt hast. Vielleicht war es Bewegung, vielleicht

Musik, vielleicht das Schreiben, vielleicht das Alleinsein oder das Gespräch mit einem Menschen, der dich versteht. Vielleicht ist es auch etwas ganz anderes. Niemand kann dir sagen, was jetzt richtig für dich ist. Und das ist es, was es so schwierig macht. Es gibt kein vorgefertigtes Rezept, kein Muster, das du befolgen kannst. Dein Prozess ist dein eigener, und du wirst ihn in deinem eigenen Tempo gehen. Vielleicht bedeutet Orientierung für dich gerade nur, den nächsten Moment zu überstehen, nicht mehr. Vielleicht ist dein Anker die bloße Tatsache, dass du da bist. Und das reicht. Die Antwort, nach der du suchst, muss nicht sofort kommen. Sie darf sich Zeit lassen.

Halt entsteht auch in der Art, wie du mit dir selbst sprichst. Deine innere Stimme kann in dieser Zeit zu deinem stärksten Verbündeten oder zu deinem schärfsten Kritiker werden. Vielleicht bemerkst du, dass du hart zu dir selbst bist, dass du dir vorwirfst, nicht besser mit der Situation umgehen zu können. Vielleicht denkst du, du müsstest stärker sein, du dürftest nicht so fühlen, wie du es tust. Diese Gedanken schleichen sich oft unbewusst ein und verstärken das Gefühl des Versagens. Doch das ist nicht wahr. Niemand kann einen Verlust einfach wegstecken. Niemand kann unberührt bleiben, wenn das Leben in seinen Grundfesten erschüttert wird.

Es kann helfen, deine innere Stimme bewusst wahrzunehmen und sie zu hinterfragen. Würdest du mit einem geliebten Menschen, der leidet, so sprechen, wie du es mit dir selbst tust? Würdest du ihm sagen, dass er sich zusammenreißen soll? Dass seine Trauer zu lange dauert? Wahrscheinlich nicht. Du würdest ihm

Mitgefühl entgegenbringen, würdest ihm Raum geben für seinen Schmerz, würdest ihn daran erinnern, dass er nicht allein ist. Genau das darfst du auch für dich selbst tun. Selbstmitgefühl ist nichts, was du dir erst verdienen musst. Es ist keine Belohnung für ein „richtiges" Verhalten. Es ist das, was dich durch diese Zeit trägt.

Du darfst trauern, ohne dir selbst Vorwürfe zu machen. Du darfst wütend sein. Du darfst erschöpft sein. Und du darfst auch Momente der Erleichterung spüren, ohne Schuldgefühle. Manchmal gibt es Sekunden, in denen du für einen kurzen Moment vergisst, was passiert ist. Vielleicht, wenn du eine schöne Melodie hörst oder wenn dich jemand zum Lächeln bringt. Und dann setzt sofort das schlechte Gewissen ein. Doch du bist kein Verräter an deiner Trauer, wenn du für einen Augenblick Erleichterung spürst. Trauer ist nicht nur Schmerz. Sie ist auch Liebe, Erinnerung, Verbundenheit. Und sie schließt nicht aus, dass du dich langsam wieder dem Leben zuwendest.

Es gibt Tage, an denen du nichts anderes tun kannst, als dich einfach nur durch den Tag zu tragen. Es gibt Tage, an denen du das Gefühl hast, nichts zu schaffen. An solchen Tagen ist es wichtig, selbst die kleinste Handlung als Erfolg zu sehen. Wenn du es schaffst, aufzustehen und dir etwas zu essen zu machen, dann ist das genug. Wenn du es schaffst, ein paar Minuten lang frische Luft zu atmen, dann ist das genug. Du musst keine großen Schritte gehen. Du musst keine Lösung für alles finden. Es reicht, wenn du einen Moment nach dem anderen überstehst.

Vielleicht fühlt es sich an, als würdest du immer wieder zurückfallen. Als würdest du Fortschritte machen, nur um dann doch wieder von der Trauer überrollt zu werden. Doch das bedeutet nicht, dass du versagst. Trauer ist kein linearer Prozess. Sie bewegt sich in Wellen. Manchmal kommt der Schmerz mit voller Wucht zurück, selbst wenn du dachtest, du hättest ihn bereits überwunden. Doch jeder dieser Momente ist ein Teil der Heilung. Jeder Moment, in dem du es schaffst, mit dir selbst geduldig zu sein, bringt dich ein Stück weiter. Halt entsteht nicht aus Perfektion, sondern aus der Erlaubnis, so zu sein, wie du bist, mit all deinen Gefühlen, mit all deinen Schwächen, mit all deinen kleinen Fortschritten.

Es gibt keinen festen Zeitpunkt, an dem du „fertig" sein musst. Es gibt keine Deadline für deine Trauer. Alles, was du tun musst, ist, dir selbst den Raum zu geben, den du brauchst. Selbstmitgefühl ist kein Zeichen von Nachgeben, es ist der größte Akt von Stärke. Es ist das, was dich durch diese Zeit trägt, bis du eines Tages erkennst, dass du nicht nur überlebst, sondern wieder lebst. Vielleicht bist du hart zu dir, weil du denkst, du müsstest besser damit umgehen, müsstest weiter sein, dürftest nicht so fühlen, wie du es tust. Vielleicht machst du dir Vorwürfe, weil du denkst, du müsstest stärker sein, müsstest funktionieren. Doch Selbstmitgefühl ist nichts, was du dir erst verdienen musst. Es ist das, was dich durch diese Zeit trägt. Es ist die Erlaubnis, zu trauern, ohne dir selbst Vorwürfe zu machen. Die Erlaubnis, wütend zu sein. Die Erlaubnis, erschöpft zu sein. Und auch die Erlaubnis, Momente der Erleichterung zu spüren, ohne Schuldgefühle. Niemand kann dir sagen, wie du fühlen sollst. Niemand hat das Recht, dein Tempo zu bestimmen. Du bist nicht weniger wert, weil du leidest. Du bist nicht schwächer, weil du Zeit brauchst. Selbstmitgefühl ist kein Zeichen von Nachgeben, es ist der größte Akt von Stärke.

Vielleicht denkst du, dass du zuerst verstehen musst, was passiert ist, bevor du wieder Halt finden kannst. Doch oft kommt das Verständnis nicht zuerst. Es kommt langsam, vielleicht nur in Bruchstücken, vielleicht erst lange, nachdem der Schmerz abgeklungen ist. Halt entsteht nicht durch vollständige Klarheit, sondern durch das Annehmen dessen, was ist. Durch das Erkennen, dass du nicht perfekt damit umgehen musst, um trotzdem einen Schritt nach dem anderen zu machen. Du musst nicht wissen, wohin der Weg führt. Es reicht, wenn du den nächsten kleinen Schritt siehst. Vielleicht bedeutet Halt für dich, dich morgens nur aufzusetzen und einen Schluck Wasser zu trinken. Vielleicht bedeutet es, aus dem Bett aufzustehen oder das Fenster zu öffnen. Diese kleinen Dinge scheinen unbedeutend, aber sie sind die Brücken, die dich langsam wieder mit der Welt verbinden.

Es wird Zeiten geben, in denen du das Gefühl hast, wieder fester auf deinen Beinen zu stehen. Momente, in denen du denkst, dass du allmählich wieder in dein Leben zurückfindest, dass du Stabilität spürst, wenn auch nur für einen kurzen Augenblick. Und dann wird es wieder Tage geben, an denen du ins Straucheln gerätst. An denen sich der Schmerz in einer Welle über dich legt, als hätte sich nichts verändert. Diese Rückfälle können entmutigend sein, sie können dich das Gefühl geben, dass du keinen Fortschritt machst. Doch das stimmt nicht. Sie sind ein natürlicher Teil des Prozesses. Trauer bewegt sich nicht in einer geraden Linie. Sie ist eine Landschaft aus Höhen und Tiefen, aus Licht und Dunkelheit. Und selbst wenn du dich in einem dunklen Moment wiederfindest, heißt das nicht, dass all das, was du bereits geschafft hast, verloren ist. Jeder einzelne Tag, an dem du dich dieser Realität gestellt hast, zählt. Jeder Moment, in dem du dich dem Leben nicht vollkommen verschlossen hast, ist ein Schritt.

Das bedeutet nicht, dass du immer stark sein musst. Dass du nicht zweifeln oder fallen darfst. Halt zu finden bedeutet nicht, dass du unerschütterlich bist. Es bedeutet, dass du dich immer wieder neu ausrichten darfst. Dass du dir erlauben darfst, schwach zu sein, ohne dich selbst dafür zu verurteilen. Es gibt keinen festen Zeitpunkt, an dem du „fertig" sein musst. Niemand kann dir vorschreiben, wann du genug getrauert hast. Niemand außer dir kann spüren, was du brauchst, um weiterzugehen. Vielleicht dauert es Monate, vielleicht Jahre, vielleicht fühlt es sich an, als würdest du dein Leben lang diesen Verlust mit dir tragen. Aber mit der Zeit wirst du lernen, ihn auf eine Weise zu tragen, die dich nicht mehr erdrückt. Er wird ein Teil von dir bleiben, aber er wird dich nicht mehr definieren.

Es mag Tage geben, an denen du glaubst, dass du nie wieder Freude empfinden kannst. Dass dein Lächeln für immer verloren ist, dass du nie mehr unbeschwert sein wirst. Doch Freude kehrt zurück. Nicht auf Knopfdruck, nicht nach einem bestimmten Plan, aber sie findet ihren Weg. Anfangs in kleinen Momenten, in einem

Sonnenstrahl, der dein Gesicht berührt, in einer vertrauten Stimme, die dich beruhigt. Vielleicht erst zögerlich, vielleicht mit einem bitteren Beigeschmack, weil du das Gefühl hast, dass du diese Freude nicht verdienst. Doch du verdienst sie. Es ist kein Verrat an dem, was du verloren hast, wenn du wieder lachst. Es ist ein Zeichen dafür, dass du den Verlust nicht nur überlebst, sondern dass du weiterleben darfst.

Halte dich an dir selbst fest. Vielleicht nicht sofort mit beiden Händen. Vielleicht erst mit einer Fingerspitze. Doch das genügt, um nicht ganz zu fallen. Eines Tages wirst du merken, dass du nicht nur überlebst, sondern wieder lebst. Und das ist kein Zeichen von Vergessen, sondern von Weitergehen, mit all den Erinnerungen, mit all dem Schmerz, aber auch mit der Fähigkeit, wieder Hoffnung zu spüren. Und es wird Momente geben, in denen du erneut ins Straucheln gerätst. Das bedeutet nicht, dass du versagst. Es bedeutet, dass du Mensch bist. Und dass du dich immer wieder neu ausrichten darfst. Dass du dich festhalten darfst, an dir selbst. Vielleicht nicht sofort mit beiden Händen. Vielleicht erst mit einer Fingerspitze. Doch das genügt, um nicht ganz zu fallen. Und eines Tages wirst du merken, dass du nicht nur überlebst, sondern wieder lebst.

07. Über den Wert von Ritualen

Die ersten Tage und Wochen nach einem Verlust können sich anfühlen wie ein fremdes, unwirkliches Terrain. Alles, was vorher selbstverständlich war, ist ins Wanken geraten, und du bewegst dich durch einen Raum, der nicht mehr derselbe ist wie zuvor. Es kann sein, dass du funktionierst, weil es Dinge zu erledigen gibt, weil Menschen auf dich zukommen, weil der Alltag von dir fordert, dass du weitergehst. Und gleichzeitig gibt es in dir eine Leere, die sich nicht mit Aktivität füllen lässt. Es ist eine Zeit des Übergangs, eine Zeit, in der du vielleicht kaum spürst, was wirklich passiert ist, oder in der die Trauer in Wellen über dich hereinbricht, unberechenbar, unerwartet. Nichts fühlt sich stabil an, und genau deshalb können kleine Rituale helfen, dir inmitten dieses Chaos einen Halt zu geben.

Rituale sind nicht nur Handlungen, sie sind Anker. Sie erinnern dich daran, dass du existierst, dass du trotz allem noch atmest, dass du auch inmitten der Trauer noch eine Verbindung zu dir selbst hast. In Zeiten, in denen alles ins Wanken gerät, sind sie ein leiser Halt. Sie helfen dir, die Gegenwart wahrzunehmen, auch wenn sie sich fremd anfühlt. Rituale sind kein Ersatz für das, was du verloren hast, aber sie können dir zeigen, dass du dich nicht gänzlich in der Trauer verlierst. Sie geben dir die Möglichkeit, Momente zu schaffen, in denen du bewusst mit deinen Emotionen, aber auch mit deinem Leben in Kontakt kommst. In einer Zeit, in der alles andere ins Wanken gerät, können sie dir helfen, einen Moment der Stabilität zu finden. Sie sind wie ein leiser Rhythmus, der dich durch den Tag trägt, wenn alles andere chaotisch erscheint. Rituale helfen dir, dir selbst etwas Verlässliches zu geben, wenn äußere Strukturen zusammenbrechen. Sie können so einfach sein wie das bewusste Trinken einer Tasse Tee, das Zählen deiner Atemzüge oder das sanfte Streichen mit den Fingern über eine vertraute Oberfläche. Diese kleinen Gesten sind wie Anker, die dich in der Gegenwart halten, wenn deine Gedanken in die Vergangenheit oder die Unsicherheit der Zukunft abdriften. Rituale geben dir einen Moment der Kontrolle in einer Zeit, in der du das Gefühl hast, alles entgleitet dir. Sie bieten einen Raum, in dem du nicht funktionieren musst, in dem du einfach nur existieren darfst, mit all dem, was du fühlst oder nicht fühlst. Sie sind kein Zwang, sondern eine Einladung, dir selbst in deiner Trauer zu begegnen. Sie erinnern dich daran, dass du hier bist, dass du atmest, dass du auch in dieser tiefen Veränderung noch einen Bezug zu dir selbst hast. Sie geben dir die Möglichkeit, Momente zu schaffen, in denen du bewusst mit deiner Trauer, aber auch mit deinem Leben in Kontakt kommst. Rituale müssen nichts Großes sein. Sie sind keine Verpflichtung, kein weiteres „Muss" in einer Zeit, in der ohnehin alles schwer genug ist. Vielmehr sind sie stille Gesten der Verbindung – mit dir selbst, mit dem, was du verloren hast, mit dem Leben, das weitergeht, auch wenn du es gerade nicht spüren kannst.

Es kann hilfreich sein, einen Moment am Tag zu schaffen, der dir Raum für deine Trauer gibt. Das kann das Anzünden einer Kerze sein, eine kurze Meditation, ein Spaziergang, den du ganz bewusst unternimmst. Vielleicht gibt es einen Ort, an dem du dich dem Verlorenen nahe fühlst, ein Foto, ein Gegenstand, ein Platz in der Natur. Es geht nicht darum, dich zu zwingen, zu fühlen oder etwas Bestimmtes zu tun. Sondern darum, dir selbst einen geschützten Raum zu geben, in dem du nichts leisten musst, in dem du einfach sein darfst.

Rituale können auch darin bestehen, dich zu erinnern. Vielleicht möchtest du schreiben, nicht für andere, sondern für dich. Ein Tagebuch, ein Brief an die Person, die nicht mehr da ist. Worte können etwas festhalten, was sonst in der Unbestimmtheit verloren geht. Vielleicht tut es gut, bestimmte Gewohnheiten weiterzuführen, die mit dem Verlorenen verbunden waren, ein Lied, das ihr immer gehört habt, eine Speise, die oft gekocht wurde, ein Spaziergang, den ihr geteilt habt. Nicht als Versuch, festzuhalten, sondern als sanfte Brücke zwischen dem, was war, und dem, was jetzt ist.

Manchmal braucht der Körper ein Ritual, um sich zu erinnern, um sich zu beruhigen. Eine Hand auf das Herz legen. Sich selbst in eine Decke einwickeln. Eine bestimmte Bewegung, ein bewusstes Atmen. Diese kleinen Gesten können eine Erinnerung daran sein, dass du noch hier bist, dass du dich selbst halten kannst, auch wenn es sich so anfühlt, als würdest du zerfallen.

Und dann gibt es Rituale des Übergangs. Vielleicht möchtest du bewusst etwas tun, das einen Abschied markiert. Ein Symbol setzen, einen Brief verbrennen, eine Blume pflanzen, etwas Altes loslassen. Nicht, weil du vergessen sollst, sondern weil du einen Punkt setzen darfst, an dem du dich selbst anerkennst in dieser Veränderung. Solche Rituale kommen nicht immer sofort.

Manchmal erst nach Wochen, Monaten. Es gibt keinen Zeitplan. Es gibt nur dich und das, was sich für dich richtig anfühlt.

Die ersten Tage und Wochen sind ein Schwebezustand. Rituale können kleine Haltepunkte sein, nicht als Lösung, sondern als Möglichkeit, dich in dieser Zeit nicht völlig zu verlieren. Und irgendwann wirst du merken, dass sie nicht nur die Trauer halten, sondern auch dich.

Manchmal liegt der Trost eines Rituals in seiner Wiederholung. Die Beständigkeit eines kleinen täglichen Moments kann dich daran erinnern, dass du trotz allem weitergehst. Diese Struktur kann dich durch den Tag tragen, wenn sonst nichts Halt gibt. Vielleicht hilft es dir, morgens mit einer bestimmten Geste in den Tag zu starten, eine Kerze zu entzünden, ein bestimmtes Gebet zu sprechen oder einfach für einen Moment innezuhalten, um dir selbst bewusst zu machen, dass du diesen Tag annehmen darfst, so wie er kommt.

Auch das Einbinden anderer Menschen in Rituale kann eine stützende Funktion haben. Vielleicht gibt es einen Menschen, mit dem du regelmäßig einen Ort besuchst, der eine Bedeutung für euch hat. Vielleicht findest du Trost in gemeinsamen Gesprächen oder Erinnerungen, die ihr teilt. Manchmal reicht es, mit jemandem in Stille zu sitzen. Rituale müssen nicht immer allein stattfinden, sie können auch eine Verbindung schaffen, die dich daran erinnert, dass du nicht alleine bist.

Es gibt Rituale, die mit der Zeit ihren Ausdruck verändern. Vielleicht beginnen sie als tägliche Handlung, die dir Sicherheit gibt, und verwandeln sich dann in etwas, das du nur noch gelegentlich brauchst. Vielleicht lässt du ein bestimmtes Ritual irgendwann los, weil du spürst, dass es seinen Zweck erfüllt hat. Das ist in Ordnung. Rituale sollen nicht an dich binden, sondern dich begleiten. Sie dürfen sich mit dir verändern.

Manchmal entstehen Rituale auch aus dem Bedürfnis, etwas Neues in dein Leben zu integrieren. Vielleicht möchtest du ein Erinnerungsbuch gestalten oder einen besonderen Platz in deiner Wohnung schaffen, der dem Verlorenen gewidmet ist. Ein Ort, an dem du in Ruhe verweilen kannst, um Erinnerungen Raum zu geben, ohne sie festhalten zu müssen. Manche Menschen lassen ihre Trauer in Kreativität einfließen, malen, gestalten oder musizieren als Ausdruck dessen, was sich mit Worten nicht fassen lässt. Ein Ritual kann sich auch darin zeigen, dass du bestimmte Tage in deinem Kalender bewusst gestaltest. Der Geburtstag, ein Jahrestag, ein gemeinsamer Moment aus der Vergangenheit, an solchen Tagen kann es helfen, sich bewusst Zeit zu nehmen. Vielleicht gehst du an einen besonderen Ort, kochst ein Essen, das ihr immer geteilt habt, oder liest in alten Briefen oder Tagebüchern.

Für einige Menschen wird ein Ritual zu einer Tradition, die ihnen Kraft gibt. Ein Spaziergang zum Sonnenaufgang, um bewusst den Beginn eines neuen Tages zu erleben. Eine kleine Notiz, die du am Ende jedes Tages schreibst, um deine Gefühle nicht in dir verschlossen zu lassen. Ein Ritual kann auch darin bestehen, einen Gegenstand bei sich zu tragen, ein Schmuckstück, einen Stein, einen kleinen Zettel mit einer bedeutenden Botschaft, etwas, das dich erinnert und begleitet, ohne dich zu erdrücken.

Es gibt Menschen, die Rituale als Möglichkeit nutzen, das, was verloren scheint, in etwas Neues zu verwandeln. Sie engagieren sich für eine Herzensangelegenheit, gründen eine Stiftung, unterstützen andere, die ähnliches durchleben. Ein Ritual muss nicht nur in Stille geschehen, es kann auch in Handlung übergehen, in etwas, das dir hilft, eine neue Verbindung zum Leben zu schaffen. Manche gestalten Rituale für andere, indem sie Briefe schreiben, Erinnerungen sammeln oder gemeinsam etwas erschaffen. Die Möglichkeiten sind grenzenlos, und das Wichtigste ist, dass es sich für dich richtig anfühlt. Es gibt keine Erwartungen, die du erfüllen musst, keine Vorgaben, an die du dich halten musst.

Es gibt keine Regeln. Dein Weg, deine Art zu gedenken, ist so individuell wie deine Trauer. Und so, wie du dich veränderst, dürfen sich auch deine Rituale wandeln. Es kann sein, dass du heute einen bestimmten Weg brauchst, um dich gehalten zu fühlen, und morgen einen anderen. Dass ein Ritual, das dir heute Trost spendet, irgendwann nicht mehr notwendig ist. Das bedeutet nicht, dass du vergisst. Es bedeutet nur, dass du weitergehst, mit allem, was war, mit allem, was bleibt, und mit dem Raum für das, was noch kommen darf. Du kannst dein eigenes Erinnerungsritual erschaffen. Vielleicht möchtest du ein Erinnerungsbuch gestalten, in dem du Fotos, Briefe oder kleine Notizen sammelst, um das Vergangene in einer greifbaren Form zu bewahren. Vielleicht richtest du einen besonderen Platz in deiner Wohnung ein – eine kleine Ecke mit einem Gegenstand, der dich mit der geliebten Person verbindet. Manche Menschen pflanzen einen Baum als Symbol für das

Fortbestehen der Erinnerung oder schaffen sich einen bestimmten Tag im Jahr, um bewusst innezuhalten. Dein Ritual darf sich verändern, so wie sich auch deine Trauer wandelt. Du darfst es anpassen, erweitern oder irgendwann loslassen, wenn es sich nicht mehr stimmig anfühlt. Wichtig ist nicht, was du tust, sondern dass es für dich eine Bedeutung hat.

Wichtig ist, dass Rituale nicht zur Pflicht werden. Sie sollen dich stützen, nicht belasten. Wenn du spürst, dass etwas sich nicht mehr richtig anfühlt, darfst du es loslassen. Rituale sind keine starre Struktur, an die du dich klammern musst, sondern eine Möglichkeit, dich selbst durch diese Zeit zu tragen. Vielleicht gibt es ein Ritual, das dir anfangs Trost gespendet hat, das sich nun aber nicht mehr passend anfühlt. Es ist in Ordnung, es abzulegen oder durch etwas Neues zu ersetzen. So wie sich deine Trauer verändert, dürfen sich auch deine Rituale wandeln.

Es gibt Tage, an denen du vielleicht nicht die Kraft hast, dich mit deiner Trauer bewusst auseinanderzusetzen. Auch das ist in Ordnung. Trauer kommt in Wellen, und auch Rituale dürfen Raum lassen für diese Bewegung. Manchmal bedeutet Selbstfürsorge, sich dem Schmerz zu stellen, manchmal bedeutet sie, ihn für einen Moment ruhen zu lassen. Wenn du dich nicht danach fühlst, eine Kerze anzuzünden, ein Tagebuch zu führen oder einen bestimmten Ort aufzusuchen, dann zwinge dich nicht dazu. Die Wirkung eines Rituals entsteht nicht durch seine bloße Durchführung, sondern durch die Bedeutung, die es für dich hat. Und wenn diese Bedeutung sich verändert, dann darf auch das Ritual sich verändern.

Ein wertvoller Impuls kann sein, Rituale als Möglichkeiten der Selbstbegegnung zu betrachten, nicht als festgelegte Verpflichtungen. Vielleicht gibt es Tage, an denen du dein Ritual mit Hingabe ausführst und andere, an denen du es nur halbherzig oder gar nicht tun möchtest. Beides ist erlaubt. An manchen Tagen kann es helfen, sich sanft daran zu erinnern, dass ein Ritual dich tragen kann, doch wenn es sich anfühlt wie eine Last, dann darfst du es loslassen. Denn Trauer bedeutet nicht, immer wieder denselben Weg zu gehen, sondern in der Veränderung deinen eigenen Rhythmus zu finden.

Du weißt ja inzwischen: Es gibt keinen richtigen oder falschen Weg, mit einem Verlust zu leben. Es gibt nur deinen Weg. Und Rituale sollen nicht dazu dienen, eine Vergangenheit festzuhalten, die nicht mehr ist, sondern dir helfen, einen Weg in die Zukunft zu finden. Du darfst dich immer wieder fragen: Gibt mir dieses Ritual Kraft, oder nimmt es mir Kraft? Wenn es dich stärkt, dann halte es fest. Wenn es dich schwächt, dann lass es los. Rituale sind nicht dazu da, dich an die Trauer zu binden, sie sollen dich daran erinnern, dass du weitergehen darfst. Wenn du spürst, dass etwas sich nicht mehr richtig anfühlt, darfst du es loslassen. Sie sind keine Aufgabe, die du erledigen musst, sondern eine Möglichkeit, dich selbst durch diese Zeit zu tragen. Es gibt Tage, an denen du vielleicht nicht die Kraft hast, dich mit deiner Trauer bewusst auseinanderzusetzen. Auch das ist in Ordnung. Trauer kommt in Wellen, und auch Rituale dürfen Raum lassen für diese Bewegung.

Eines Tages wirst du vielleicht merken, dass du ein bestimmtes Ritual nicht mehr brauchst, weil die Erinnerung sich auf eine neue Weise in dein Leben integriert hat. Das bedeutet nicht, dass du vergisst. Es bedeutet nur, dass du deinen Weg gefunden hast, mit dem Verlust zu leben. Und das ist es, worauf Rituale letztendlich hinführen: nicht zum Loslassen, sondern zu einer neuen Art des Weitergehens, mit allem, was war und mit allem, was bleibt.

08. Schuldgefühle, Wut, Angst und Einsamkeit

Trauer ist ein komplexes und herausforderndes Gefühl, das selten allein auftritt. Schuldgefühle, Wut, Angst und Einsamkeit sind häufige Begleiter im Trauerprozess und können diesen erheblich erschweren. Diese Emotionen sind normal und Teil einer gesunden Verarbeitung des Verlustes, doch oft fühlen sie sich überwältigend an. Wenn du lernen möchtest, mit diesen Gefühlen besser umzugehen, solltest du sie zuerst tiefer verstehen und anschließend aktiv angehen.

Es kann sein, dass du dich von Schuldgefühlen überwältigt fühlst. Schuldgefühle entstehen oft, weil du glaubst, etwas falsch gemacht oder versäumt zu haben. Wahrscheinlich kreisen deine Gedanken ständig um Situationen, in denen du vermeintlich anders hättest handeln sollen. Psychologisch gesehen erfüllen Schuldgefühle oft eine wichtige Funktion: Sie versuchen, deinem Gehirn eine Art Kontrolle oder Erklärung für etwas zu geben, was eigentlich nicht kontrollierbar ist. Indem du glaubst, etwas falsch gemacht zu haben, versucht dein Verstand unbewusst, den Verlust erklärbar zu machen. Doch zwischen wirklicher Schuld („schuld haben") und gefühlter Schuld („sich schuldig fühlen") liegt ein wesentlicher Unterschied. Echte Schuld entsteht, wenn du tatsächlich bewusst oder unbewusst jemandem geschadet hast. Sich schuldig zu fühlen hingegen ist oft irrational und entsteht aus Hilflosigkeit oder Schmerz heraus.

Was kannst du tun, wenn dich diese Gefühle belasten? Zunächst hilft es dir, diese Schuldgefühle bewusst wahrzunehmen und klar zwischen echter Schuld und irrationalen Gefühlen zu unterscheiden. Stelle dir ehrlich die Frage: Hättest du tatsächlich etwas anders machen können oder sind deine Schuldgefühle Ausdruck einer tiefen emotionalen Hilflosigkeit? Wenn du echte Versäumnisse erkennst, könnte es hilfreich sein, sie anzuerkennen und gegebenenfalls zu korrigieren oder dir selbst zu vergeben. Sind deine Schuldgefühle jedoch irrational, versuche dir klarzumachen, dass niemand rückblickend jede Situation hätte kontrollieren können. Eventuell hilft es dir, darüber zu schreiben, dich mit nahestehenden Personen auszutauschen oder eine professionelle Beratung aufzusuchen, um diese Gedanken loszulassen.

Wut ist eine weitere intensive Emotion, die dir in der Trauer begegnen kann. Möglicherweise bemerkst du, dass du wütend auf dich selbst bist, auf andere Menschen oder sogar auf die verstorbene Person. Psychologisch betrachtet ist Wut oft ein Schutzmechanismus. Sie taucht dann auf, wenn tiefere, verletzliche Gefühle wie Schmerz, Angst oder Hilflosigkeit zu überwältigend sind. Die Wut ermöglicht es dir vorübergehend, diese Verletzlichkeit weniger zu spüren und gibt dir scheinbar die Kontrolle zurück, die du verloren hast. Doch wenn diese Wut unbearbeitet bleibt, kann sie Beziehungen beschädigen und dich zunehmend isolieren. Du fühlst dich vielleicht unverstanden, reagierst gereizt oder ungeduldig und stößt Menschen weg, die dir eigentlich helfen möchten. Dabei bemerkst du oft erst im Nachhinein, dass du nicht wirklich auf sie wütend bist, sondern auf die Situation, die du nicht verändern kannst.

Psychologisch gesehen ist Wut häufig Ausdruck deiner Frustration über die erlebte Ohnmacht, die der Verlust mit sich bringt. Diese Ohnmacht ist schmerzhaft und schwer auszuhalten, sodass Wut dir als vermeintlicher Ausweg erscheinen kann. Gleichzeitig ist sie jedoch auch ein Signal, das dir hilft, Grenzen zu setzen und dich gegen weitere Verletzungen zu schützen. Wut ist also nicht ausschließlich negativ, sondern sie birgt auch wichtige Botschaften über deine Bedürfnisse und dein inneres Erleben. Indem du deiner Wut Raum gibst, sie achtsam zulässt und erforschst, ermöglichst du dir einen Zugang zu den tieferliegenden Gefühlen, die in deiner Trauer verborgen liegen.

Um deiner Wut konstruktiv zu begegnen, solltest du sie zunächst bewusst wahrnehmen und dich fragen: „Was steckt wirklich hinter meiner Wut?" Versuche zu erkennen, welche tieferen Gefühle deine Wut antreiben. Sprich über deine Empfindungen mit vertrauten Personen oder suche professionelle Begleitung, um deine Gefühle besser zu verstehen. Kreative Aktivitäten wie Schreiben, Malen oder körperliche Betätigung wie Sport können ebenso helfen, deine Wut auf positive Weise zu verarbeiten. Bewusste Atemübungen und Achtsamkeitspraktiken ermöglichen dir, auch in Momenten intensiver Wut innere Ruhe zu finden. Auch körperliche Übungen, bei denen du die aufgestaute Energie kontrolliert freisetzen kannst, können hilfreich sein, etwa durch Spaziergänge, Joggen oder Boxtraining. Auf diese Weise kannst du langfristig deine Wut in Energie umwandeln, die dein emotionales Wachstum und deine Heilung unterstützt.

In deiner Trauer kannst du ebenfalls intensive Angst-
gefühle spüren. Eventuell hast du Angst vor weiteren
Verlusten, der eigenen Verletzlichkeit oder dem Alleinsein. Diese Ängste können dein alltägliches Leben stark
beeinflussen, indem sie dich lähmen und verunsichern.
Häufig entstehen sie durch das Gefühl, die Kontrolle
über dein Leben verloren zu haben. Gerade in der Trauer
kann sich das Gefühl breitmachen, dass alles unsicher
und unvorhersehbar geworden ist.

Es ist wichtig zu erkennen, dass Angst in der Trauer
häufig eine tiefere Bedeutung hat. Oft steht sie symbolisch für das Erleben des Kontrollverlusts und der Unsicherheit nach einem bedeutenden Verlust. Vielleicht
hast du zuvor geglaubt, dein Leben weitgehend unter
Kontrolle zu haben, doch nun bist du mit der schmerzli-
chen Erfahrung konfrontiert, dass das Leben auch unvorhersehbar und zerbrechlich sein kann. Diese Erkenntnis
kann tief verunsichern und existentielle Fragen aufwerfen, die du bisher möglicherweise verdrängt oder nicht
wahrgenommen hast.

Zudem könnten deine Ängste durch ungelöste Konflikte oder Gefühle verstärkt werden, die du in Bezug auf
die verstorbene Person noch hast. Wenn es dir gelingt,
diese verborgenen Themen zu identifizieren und behutsam zu bearbeiten, kannst du deine Ängste besser verstehen und auflösen. Du musst diesen Weg nicht allein
gehen. Therapeutische Unterstützung oder vertrauens-
volle Gespräche mit nahestehenden Menschen können
dir dabei helfen, diese komplexen Zusammenhänge auf-
zuarbeiten.

Um deine Ängste besser bewältigen zu können, solltest du dir eingestehen, dass diese Gefühle normal sind. Sie zeigen dir, wie wichtig der verlorene Mensch für dich war. Sprich offen mit Menschen, denen du vertraust, oder mit einem Therapeuten, um deine Ängste zu teilen und zu reflektieren. Techniken wie Meditation, bewusste Atemübungen oder Yoga können dir helfen, deine Ängste zu beruhigen. Struktur in deinem Alltag, konkrete Planungen und das Setzen kleiner, erreichbarer Ziele helfen dir, Sicherheit zurückzugewinnen.

Einsamkeit zählt oft zu den tiefsten und schmerzhaftesten Empfindungen, die du im Trauerprozess erleben kannst. In diesen Momenten erscheint dir die Welt vielleicht leer, fremd und unerträglich still. Deine Umgebung mag weiter funktionieren wie gewohnt, doch du fühlst dich isoliert und unverstanden. Diese Einsamkeit entsteht oft, weil dir bewusst wird, dass ein wichtiger Teil deines Lebens unwiderruflich verloren ist. Gleichzeitig zieht dich Einsamkeit häufig in eine innere Zurückgezogenheit hinein, wodurch du Gefahr läufst, dich von deinen sozialen Kontakten noch stärker abzuschotten. Dieses Gefühl kann deinen Schmerz sogar intensivieren und dein Gefühl von Isolation weiter verstärken.

Gerade jetzt ist es entscheidend, auf deine eigenen Bedürfnisse zu hören. Wenn du spürst, dass du dich zurückziehen möchtest, ist das vollkommen in Ordnung und kann Teil deines Heilungsprozesses sein. Nimm dir die Zeit, die du benötigst, um allein zu sein, nachzudenken und deine Emotionen zu verarbeiten. Niemand kann und sollte dich dazu drängen, ständig in Kontakt mit anderen zu bleiben oder deine Gefühle zu teilen. Der

Rückzug gibt dir die Möglichkeit, deinen Verlust ganz individuell und im eigenen Tempo zu verarbeiten.

Wenn du jedoch merkst, dass die Einsamkeit auf Dauer belastend oder unerträglich wird, könnte es helfen, vorsichtig und in kleinen Schritten wieder Kontakt zu anderen aufzunehmen. Du allein entscheidest, wann und in welchem Umfang du bereit bist, dich zu öffnen. Indem du auf achtsame Weise wieder Nähe zulässt, kannst du erfahren, dass du mit deinen Gefühlen nicht allein bist. Vielleicht findest du Trost in Gesprächen mit Menschen, die Ähnliches erlebt haben. Solche Verbindungen können dir das Gefühl vermitteln, verstanden und getragen zu sein, und so die Last der Einsamkeit behutsam verringern.

Indem du all diese Gefühle bewusst wahrnimmst, annimmst und reflektierst, gehst du bereits entscheidende Schritte auf dem Weg deiner Trauerarbeit. Gib dir Zeit und Raum, diese Emotionen zu durchleben, und suche dir aktiv Unterstützung auf deinem Weg. Jeder Mensch trauert anders, wichtig ist allein, dass du herausfindest, was für dich persönlich hilfreich, heilsam und unterstützend ist. Deine Trauer ist ein individueller und wertvoller Prozess, der es verdient, achtsam und geduldig begleitet zu werden.

09. Über den Umgang mit Rückschlägen

Trauer ist ein komplexes und herausforderndes Gefühl, das selten linear verläuft, wie du inzwischen ja weißt. Emotionale Rückschläge und unerwartete, überwältigende Gefühle können jederzeit auftreten und dich scheinbar an den Anfang deines Weges zurückwerfen. Diese Momente, in denen du glaubst, bereits Bewältigtes erneut zu durchleben, können sehr verunsichernd sein und dir das Gefühl geben, festzustecken oder keine Fortschritte zu machen. Es ist jedoch wichtig zu verstehen, dass solche emotionalen Tiefpunkte ganz normal sind. Trauer folgt oft dem Bild einer Spirale, in der du manche Gefühle immer wieder durchlebst, aber jedes Mal mit neuen Erkenntnissen und tieferem Verständnis.

Diese intensiven Momente, die scheinbar ohne Vorwarnung auftreten, können dich mit voller Wucht treffen. Vielleicht fragst du dich, warum deine Trauer plötzlich wieder so stark ist, obwohl es dir zwischendurch schon besser ging. Solche emotionalen Rückfälle können durch besondere Jahrestage, Erinnerungen oder auch scheinbar bedeutungslose Kleinigkeiten ausgelöst werden, ein Lied im Radio, ein vertrauter Geruch oder eine unerwartete Begegnung mit einem Gegenstand, der mit der verstorbenen Person verbunden ist. Diese Erlebnisse können unerwartet und heftig sein, als würde eine emotionale Welle dich überrollen. Doch das Erleben solcher intensiven Momente bedeutet keineswegs, dass du in deiner Trauerarbeit versagt hast. Ganz im Gegenteil, diese Momente sind ein Zeichen dafür, wie tief dein

Herz mit der verstorbenen Person verbunden war und wie wichtig dieser Mensch für dich war.

Um besser mit solchen emotionalen Rückschlägen umgehen zu können, ist es hilfreich, dich auf diese Wellen vorzubereiten und ihnen bewusst Raum zu geben. Wenn du erkennst, dass diese Gefühle eine normale und notwendige Reaktion sind, kannst du dich ihnen achtsam und liebevoll zuwenden, statt sie abzuwehren. Akzeptanz ist hierbei ein wichtiger Schlüssel. Akzeptiere, dass diese Gefühle da sind, und spüre bewusst in sie hinein, ohne dich für ihre Existenz zu verurteilen. Akzeptanz bedeutet nicht Resignation, sondern vielmehr eine bewusste Entscheidung, deinen Gefühlen Raum zu geben und ihnen dadurch einen Teil ihrer belastenden Kraft zu nehmen.

Eine hilfreiche Strategie kann das Führen eines Tagebuchs sein, in dem du deine Gedanken, Gefühle und Erfahrungen dokumentierst. Indem du deine Emotionen aufschreibst, gibst du ihnen Raum und Struktur. Du kannst erkennen, welche Situationen dich besonders stark triggern, und lernst, diese besser zu verstehen. Journaling unterstützt dich dabei, Klarheit in dein emotionales Erleben zu bringen und Muster oder Entwicklungen wahrzunehmen, die du vielleicht im Alltag nicht erkennst. Darüber hinaus bietet das Schreiben dir eine Möglichkeit, deinem Schmerz und deiner Trauer Ausdruck zu verleihen, ohne Angst vor Beurteilung haben zu müssen.

Zudem kann dir gezielte Ablenkung helfen, akute Phasen von emotionaler Überforderung zu bewältigen. Plane bewusst Tätigkeiten ein, die dir guttun und dir helfen, zur Ruhe zu kommen. Dabei geht es nicht darum, deine Gefühle dauerhaft zu vermeiden, sondern dir bewusst Pausen zu gönnen, um emotionalen Überlastungen vorzubeugen. Aktivitäten wie Spaziergänge in der Natur, Sport, kreatives Gestalten oder auch das bewusste Genießen einer Tasse Tee können beruhigend und stabilisierend wirken. Solche Momente der bewussten Selbstfürsorge stärken langfristig deine emotionale Widerstandskraft und helfen dir, einen gesunden Umgang mit deinen Emotionen zu finden.

Wenn du das Gefühl hast, dass die Trauer dich überwältigt, könnte es hilfreich sein, dich jemandem anzuvertrauen. Das kann eine vertraute Person aus deinem privaten Umfeld sein oder auch eine professionelle Begleitung. In Gesprächen erhältst du die Möglichkeit, deinen Gedanken freien Lauf zu lassen, sie zu ordnen und durch eine außenstehende Perspektive neue Einsichten zu gewinnen. Trauergruppen können besonders hilfreich sein, da du dort auf Menschen triffst, die ähnliche Erfahrungen machen und deine Gefühle und Gedanken oft besser nachvollziehen können. Solch ein Austausch schafft Verständnis und kann das Gefühl von Isolation verringern. Das Gefühl, verstanden und gehört zu werden, kann eine große Erleichterung darstellen und dich emotional entlasten.

Es ist auch hilfreich, sich bewusst zu machen, dass dein Gehirn während eines Trauerprozesses viel verarbeitet und neu sortiert. Die emotionalen Rückschläge sind ein Zeichen dafür, dass dein Inneres weiterhin daran arbeitet, den Verlust zu integrieren. Psychologisch betrachtet versucht dein Unterbewusstsein, die Realität des Verlustes schrittweise in dein Selbstbild und deine Identität einzubetten. Dieser Prozess braucht Zeit und verläuft nicht geradlinig, daher sind Rückschläge nicht nur verständlich, sondern sogar notwendig auf dem Weg der inneren Heilung.

Dein Gehirn arbeitet während der Trauer intensiv daran, neue neuronale Verbindungen zu schaffen und bestehende Erinnerungen neu zu ordnen. Jeder Verlust bringt Veränderung mit sich, und diese Veränderungen erfordern, dass dein Gehirn sich anpasst. Diese Anpassungsleistung kann emotional und körperlich erschöpfend sein, was erklärt, warum du dich manchmal so müde oder kraftlos fühlst. Hinzu kommt, dass dein Gehirn während der Trauer verstärkt Stresshormone produziert, insbesondere Cortisol, das deine Stimmung beeinflussen kann und Gefühle von Angst und Verzweiflung verstärkt. Dieses hormonelle Ungleichgewicht ist ein natürlicher Teil der Reaktion deines Körpers auf Verlust und zeigt, wie tiefgreifend die Auswirkungen eines Trauerprozesses sind.

Darüber hinaus beeinflusst Trauer auch deine kognitiven Fähigkeiten. Vielleicht bemerkst du, dass es dir schwerfällt, dich zu konzentrieren, Entscheidungen zu treffen oder dir alltägliche Dinge zu merken. Dies liegt daran, dass dein Gehirn aktuell einen Großteil seiner Ressourcen dafür verwendet, den emotionalen Verlust zu verarbeiten. Es ist wichtig, dir selbst Geduld entgegenzubringen und zu verstehen, dass diese Schwierigkeiten vorübergehend sind. In besonders schwierigen Phasen könntest du versuchen, gezielte Entspannungstechniken einzusetzen, um deinen emotionalen Stress zu reduzieren. Methoden wie progressive Muskelentspannung, Meditation, Atemübungen oder Yoga können dir helfen, innerlich zur Ruhe zu kommen und die Intensität deiner Gefühle etwas abzumildern.

Sei geduldig und liebevoll mit dir selbst. Trauerarbeit ist kein Wettkampf, sondern ein tief persönlicher, individueller Weg. Jeder Mensch trauert anders, und es gibt keine vorgegebenen Zeiten oder Ziele, die du erreichen musst. Deine Trauer ist Ausdruck deiner Liebe und Verbundenheit zur verstorbenen Person. Erlaube dir daher, deine Gefühle in deinem eigenen Tempo und auf deine eigene Weise zu durchleben. Indem du diese Strategien bewusst in deinen Alltag integrierst, kannst du den Umgang mit Rückschlägen nachhaltig verbessern und lernen, auch schwierige Phasen deiner Trauer besser zu meistern. Gib dir Zeit, hab Geduld mit dir selbst und erinnere dich immer daran: Trauerarbeit ist ein Zeichen deiner Liebe und Verbundenheit, sie ist ein Weg der Heilung, den du mutig und achtsam beschreitest.

10. Neuorientierung und Neubeginn

Trauer ist eine der tiefgreifendsten Erfahrungen in deinem Leben. Sie kann dich aus der Bahn werfen, dich verunsichern und dich zwingen, dich mit deiner innersten Gefühlswelt auseinanderzusetzen. Du spürst vielleicht, dass nichts mehr so ist, wie es einmal war, und dass die Welt um dich herum scheinbar ungerührt weiterläuft, während dein eigenes Inneres stillsteht. Diese Diskrepanz kann schmerzhaft sein und das Gefühl der Einsamkeit verstärken. Es gibt Tage, an denen es dir schwerfällt, den Sinn in dem, was du tust, zu erkennen. Doch gerade in dieser Dunkelheit liegt auch eine Möglichkeit verborgen: die Chance auf Neubeginn und Neuorientierung.

Dieser Prozess erfordert Mut. Trauer ist nicht nur ein emotionales Erleben, sondern auch ein körperlicher Zustand. Vielleicht bemerkst du, dass dein Schlafrhythmus gestört ist, dein Appetit sich verändert oder du dich erschöpft fühlst, selbst wenn du nichts Anstrengendes tust. Diese Symptome sind normale Begleiterscheinungen des Trauerprozesses. Dein Geist und dein Körper müssen sich erst an die neue Realität anpassen. Doch während du dich durch diese Phase bewegst, geschieht etwas Tiefgreifendes: Du beginnst, dich selbst neu kennenzulernen. Trauer kann ein kraftvoller Transformationsprozess sein, der dich dazu zwingt, dich mit deinen Überzeugungen, Hoffnungen und Ängsten auseinanderzusetzen.

Vielleicht beginnst du, bisherige Annahmen über dein Leben infrage zu stellen. Was war dir wichtig? Welche Werte haben dich geprägt, und sind sie nach diesem Verlust noch dieselben? Oft wird in dieser Phase deutlich, dass manche Lebensbereiche oder Beziehungen, die früher eine große Rolle spielten, nun an Bedeutung verlieren, während andere an Tiefe gewinnen. Du veränderst dich nicht nur innerlich, sondern oft auch in deinem sozialen Umfeld. Manche Menschen spüren nach einem großen Verlust, dass sie sich von bestimmten Gewohnheiten oder sogar Personen entfernen müssen, weil sie nicht mehr zu ihrem neuen Selbst passen.

Diese Veränderung kann beängstigend sein, aber sie birgt auch eine seltene Gelegenheit zur Selbstfindung. Trauer bringt dich dazu, dich mit deiner Identität auseinanderzusetzen: Wer bist du jetzt, nachdem du etwas so Bedeutendes verloren hast? Was macht dich unabhängig von diesem Verlust aus? Diese Fragen mögen zunächst schwer oder sogar überwältigend erscheinen, doch in ihnen liegt auch eine große Kraft. Denn je mehr du dich mit diesen Aspekten auseinandersetzt, desto bewusster kannst du dein weiteres Leben gestalten.

Trauer zwingt dich dazu, deine Widerstandsfähigkeit zu entdecken. Vielleicht erkennst du, dass du viel stärker bist, als du jemals gedacht hast. Vielleicht entwickelst du eine neue Art der Empathie, die dich anderen Menschen gegenüber offener und verständnisvoller macht. Vielleicht spürst du, dass du das Leben intensiver wahrnimmst als zuvor, dass du jeden Moment bewusster erlebst und die kleinen Dinge, die du früher übersehen hast, jetzt mehr zu schätzen weißt. Diese

Transformation geschieht nicht von heute auf morgen, aber sie ist ein natürlicher Teil des Trauerprozesses. Und genau darin liegt die wertvolle Chance: die Möglichkeit eines Neubeginns und einer tiefgehenden Neuorientierung, die dir nicht nur hilft, mit dem Verlust zu leben, sondern dein Leben in einer Weise zu gestalten, die authentischer und bedeutungsvoller für dich ist.

Wenn du bereit bist, dich deiner Trauer wirklich zu stellen, kannst du langfristig neue Wege entdecken, die nicht nur die Vergangenheit ehren, sondern dir auch helfen, wieder eine lebenswerte Zukunft zu gestalten. Es bedeutet, sich selbst eine neue Perspektive zu erlauben, in der Trauer nicht als Endpunkt, sondern als Übergang verstanden wird, eine Brücke zwischen dem, was war, und dem, was noch kommen kann. Es bedeutet, sich selbst zuzugestehen, dass auch nach einem großen Verlust Freude, Sinnhaftigkeit und Liebe existieren dürfen. Dass du wachsen kannst, nicht trotz deiner Trauer, sondern mit ihr als Teil deines Lebensweges.

Trauer beeinflusst dich auf so vielen Ebenen: emotional, körperlich, sozial und spirituell. Sie zwingt dich, innezuhalten und Fragen zu stellen, die du dir vielleicht sonst nie gestellt hättest: Wer bin ich jetzt, nach diesem Verlust? Was bleibt, wenn das Vertraute nicht mehr da ist? Welche neuen Wege können sich für mich eröffnen? Die Antworten auf diese Fragen sind nicht immer sofort greifbar, sondern entstehen langsam, in einem Prozess, der Zeit braucht. Die Trauer bringt oft Unsicherheit mit sich, weil dein gewohntes Leben aus den Fugen geraten ist. Vielleicht fragst du dich, wie es überhaupt weitergehen soll. Es kann sich anfühlen, als müsstest du dich völlig neu erfinden, als würdest du dich in einer Welt ohne klaren Halt wiederfinden. Diese Neuorientierung ist nicht einfach, aber sie kann dir auch helfen, bewusster zu reflektieren, was in deinem Leben wirklich von Bedeutung ist. Manchmal entstehen gerade in Zeiten des Verlusts die tiefsten Erkenntnisse über dich selbst und deine wahren Bedürfnisse.

Ein Neubeginn bedeutet nicht, dass du den Verlust vergessen oder das Vergangene hinter dir lassen musst. Vielmehr geht es darum, mit dem Verlust zu leben und ihn als Teil deiner Geschichte zu akzeptieren. Dein Schmerz wird sich verändern. Er wird nicht von heute auf morgen verschwinden, aber mit der Zeit verliert er seine erdrückende Schwere. Er verwandelt sich in eine sanftere, tief verwurzelte Erinnerung, die dich weiterhin begleitet, aber dich nicht mehr lähmt. Es ist wichtig, dass du dir bewusst machst: Ein neuer Lebensabschnitt bedeutet nicht, die verstorbene Person oder das Verlorene zu ersetzen. Es geht vielmehr darum, deine Zukunft neu zu gestalten, mit Raum für neue Erfahrungen, neue Beziehungen und neue Perspektiven, ohne dass das, was war, ausradiert wird. Deine Vergangenheit bleibt immer ein Teil von dir, aber sie muss nicht dein einziges Fundament sein. Denn du bist mehr als deine Verluste, du bist auch deine Fähigkeit, mit ihnen zu wachsen.

Oft beginnt der Prozess der Neuorientierung mit ganz kleinen Schritten. Vielleicht spürst du irgendwann, dass du bereit bist, etwas Neues auszuprobieren, eine neue Gewohnheit, eine neue Aktivität, einen neuen Ort, den du besuchst. Manchmal geschieht dieser Wandel fast unmerklich: Ein neuer Gedanke taucht auf, eine Idee wächst in dir, eine kleine Hoffnung keimt. Und genau das ist der Anfang eines Neubeginns. Indem du dich diesen Veränderungen öffnest, gibst du dir selbst die Erlaubnis, wieder nach vorne zu blicken. Vielleicht bedeutet es, alte Träume wieder aufzugreifen, die du lange vergraben hast. Vielleicht entdeckst du Interessen, für die zuvor kein Raum war. Und genau in diesen neuen Impulsen liegt die Chance, langsam wieder Freude und Leichtigkeit in dein Leben zu lassen. Auch wenn es sich zunächst fremd oder ungewohnt anfühlt, ist es ein Zeichen dafür, dass dein Inneres nach einem Gleichgewicht sucht.

Eine entscheidende Frage ist: Wo findest du neuen Sinn? Manche Menschen schöpfen Kraft daraus, sich für andere zu engagieren. Sie merken, dass es ihnen guttut, ihre eigenen Erfahrungen weiterzugeben, sei es durch ehrenamtliche Arbeit, das Teilen ihrer Geschichte oder einfach dadurch, für andere da zu sein. Andere entdecken neue Leidenschaften, kreative Ausdrucksformen oder spirituelle Wege, die ihnen helfen, sich mit ihrem veränderten Selbstbild auseinanderzusetzen. Du kannst diese Zeit der Trauer auch nutzen, um alte Lebensmuster zu hinterfragen. Vielleicht stellt sich heraus, dass du bisher zu oft Kompromisse gemacht hast, die dir nicht guttaten. Vielleicht bemerkst du, dass du neue Prioritäten setzen möchtest, Menschen, Erlebnisse und Werte, die jetzt mehr Bedeutung für dich haben. Deine Trauer kann dir helfen, dein Leben bewusster zu gestalten, deine Entscheidungen klarer zu treffen und deinen eigenen Weg mit neuer Entschlossenheit zu gehen. Auch psychologisch betrachtet ist dies ein wichtiger Aspekt der Resilienz: die Fähigkeit, nach tiefen Krisen wieder aufzustehen und sogar gestärkt daraus hervorzugehen.

Das Loslassen ist ein weiterer wichtiger Aspekt auf diesem Weg. Doch Loslassen bedeutet nicht, dass du deine Erinnerungen aufgeben musst. Ganz im Gegenteil: Es geht darum, die Verbindung zu dem, was war, auf eine neue Weise weiterleben zu lassen. Ein verstorbener Mensch oder ein schmerzhafter Verlust bleibt immer ein Teil deiner Geschichte, aber du darfst trotzdem nach vorne schauen. Die Kunst besteht darin, eine Balance zwischen Erinnerung und Zukunft zu finden. Vielleicht fällt es dir schwer, den Gedanken zuzulassen, dass du wieder glücklich sein darfst. Manche Menschen empfinden es fast als Verrat, wenn sie spüren, dass Freude zurückkehrt. Doch genau das ist es nicht. Im Gegenteil: Dein Leben bewusst weiterzuführen, ist eine Form des Respekts vor dem, was war. Es bedeutet nicht, dass du vergisst, sondern dass du einen Weg findest, mit dem Verlust zu leben, ohne dass er dich daran hindert, dein eigenes Glück wiederzuentdecken.

Dieser Neubeginn geschieht nicht von heute auf morgen. Er ist ein fließender, oft widersprüchlicher Prozess. Es wird Tage geben, an denen du dich stark fühlst und nach vorn blickst, und andere, an denen du von Erinnerungen überrollt wirst. Das ist normal. Lass dich nicht davon entmutigen. Veränderung geschieht in kleinen Schritten, und du bestimmst das Tempo. Psychologisch gesehen durchläuft Trauer verschiedene Phasen, von Schock und Verleugnung über Wut, Verhandlung und Depression bis hin zur Akzeptanz. Doch diese Phasen sind keine starre Abfolge. Sie können sich überlagern, zurückkehren und in unterschiedlicher Intensität auftreten. Jeder Mensch trauert anders, und es gibt keinen „richtigen" oder „falschen" Weg. Wichtig ist, dass du dir selbst erlaubst, genau so zu trauern, wie es sich für dich richtig anfühlt.

Gib dir selbst die Erlaubnis, weiterzugehen. Nicht als Zeichen des Abschieds, sondern als Ausdruck deiner Stärke, mit dem Verlust zu leben und dennoch Hoffnung zu bewahren. Du darfst neu beginnen – in deinem eigenen Tempo, auf deine eigene Weise. Es gibt keinen richtigen oder falschen Weg, diesen Prozess zu durchlaufen. Es gibt nur deinen persönlichen Weg, den du Tag für Tag gestalten kannst. Und in all dem Schmerz, den du vielleicht noch empfindest, liegt auch die Möglichkeit einer neuen, tieferen Verbundenheit mit dir selbst und mit dem Leben, das vor dir liegt. Vielleicht entdeckst du auf diesem Weg Seiten an dir, die du vorher nie wahrgenommen hast. Vielleicht wächst deine Fähigkeit zur Empathie, deine Sensibilität für die kleinen Momente des Lebens oder dein Bewusstsein für das, was wirklich zählt. All das sind Zeichen deiner inneren Stärke, Zeichen, dass du weitergehst, nicht trotz des Verlustes, sondern mit ihm als Teil deines neuen Weges.

11. Einladung zu neuen Perspektiven

Trauer verändert den Blick auf das Leben. Sie bringt dich dazu, innezuhalten, dich mit deinen tiefsten Empfindungen auseinanderzusetzen und vieles infrage zu stellen. Manchmal erscheint sie wie eine undurchdringliche Wand, die dich von der Welt trennt, und doch birgt sie die Möglichkeit einer tiefgreifenden Veränderung. In dieser Phase liegt nicht nur Schmerz, sondern auch die Chance, neue Perspektiven zu entwickeln, Resilienz zu stärken und den eigenen Lebenssinn neu zu definieren. Dein Verlust wird dich immer begleiten, aber du kannst lernen, mit ihm zu leben, ihn in deine Geschichte zu integrieren und ihn zu einer Quelle der inneren Stärke werden zu lassen.

Menschen besitzen eine erstaunliche Fähigkeit zur Anpassung. Resilienz bedeutet nicht, dass du unberührt oder unverändert aus deiner Trauer hervorgehst. Sie bedeutet, dass du mit der Zeit Strategien entwickelst, die dir helfen, trotz des Verlustes neue Kraft zu schöpfen. Es geht darum, den Schmerz anzunehmen, ohne daran zu zerbrechen, und aus dem Erlebten eine tiefere Verbindung zu dir selbst und der Welt um dich herum zu ziehen. Trauer kann dich daran erinnern, was wirklich wichtig ist, und dich dazu ermutigen, neue Prioritäten zu setzen. Vielleicht beginnst du, dein Leben bewusster zu gestalten, intensiver zu fühlen und Beziehungen tiefer zu schätzen. Die Frage ist nicht, wie du das Alte hinter dir lassen kannst, sondern wie du das Neue mit dem Verlorenen in Einklang bringst.

Resilienz bedeutet auch, dass du lernst, Krisen nicht nur zu überstehen, sondern sie in dein Leben zu integrieren und daraus zu wachsen. Dies geschieht nicht über Nacht, sondern in einem dynamischen Prozess, der von Rückschlägen und Fortschritten begleitet wird. Jeder Mensch geht diesen Weg unterschiedlich, abhängig von seinen inneren Ressourcen, Erfahrungen und sozialen Bindungen. Resilienz wächst mit jeder Herausforderung, die du meisterst, nicht weil du den Schmerz ignorierst, sondern weil du erkennst, dass du in der Lage bist, ihn zu tragen und ihm eine Bedeutung zu geben. Vielleicht beginnst du, neue Bewältigungsstrategien zu entwickeln, sei es durch den Austausch mit anderen, durch kreative Ausdrucksformen oder durch das bewusste Erleben von Momenten der Ruhe und Reflexion.

Ein wesentlicher Teil dieses Prozesses ist das Erkennen der eigenen Widerstandskraft. Es ist die Fähigkeit, trotz des erlebten Verlustes wieder Vertrauen ins Leben zu fassen. Manchmal zeigt sich Resilienz in der Entscheidung, morgens aufzustehen, den Tag zu beginnen, auch wenn sich alles schwer anfühlt. Manchmal äußert sie sich darin, anderen Menschen zuzuhören oder selbst Unterstützung anzunehmen. Es geht darum, die eigene Verletzlichkeit anzuerkennen, ohne darin stecken zu bleiben. Du darfst schwach sein, du darfst weinen, du darfst Momente haben, in denen alles sinnlos erscheint, doch ebenso darfst du nach und nach erkennen, dass dein Leben weitergeht und dass es trotz der Trauer Schönheit und Sinn enthalten kann.

Der Prozess der Resilienz wird zudem von deiner inneren Einstellung beeinflusst. Wenn du beginnst, deinen

Schmerz als Teil deiner Geschichte zu sehen, als etwas, das dich formt, aber nicht definiert, kannst du neue Wege entdecken. Es geht nicht darum, immer stark zu sein, sondern darum, die eigene Zerbrechlichkeit als Teil des Lebens zu akzeptieren. Vielleicht wirst du mit der Zeit feststellen, dass du nicht nur überlebt hast, sondern dass du aus deiner Trauer eine tiefere Fähigkeit zur Empathie, zur Dankbarkeit und zur bewussten Lebensgestaltung entwickelt hast. Das bedeutet nicht, dass du deinen Verlust vergessen musst, sondern dass du dich selbst in deinem veränderten Leben wiederfindest. Die Resilienz, die daraus erwächst, ist nicht das Gegenteil von Schmerz, sondern die Fähigkeit, mit ihm zu leben und ihn in dein Sein zu integrieren.

Aaron Antonovskys Konzept der Salutogenese zeigt uns, dass es nicht nur darum geht, Krankheit oder Belastung zu vermeiden, sondern darum, jene Faktoren zu stärken, die Gesundheit und Wohlbefinden fördern. Es stellt sich also nicht die Frage, wie du Trauer verhindern kannst, sie ist ein natürlicher Teil des Lebens, sondern wie du Ressourcen aufbauen kannst, die dir helfen, den Herausforderungen zu begegnen. Ein zentrales Element dabei ist das Kohärenzgefühl, das aus drei wesentlichen Komponenten besteht: Verstehbarkeit, Handhabbarkeit und Sinnhaftigkeit.

Verstehbarkeit bedeutet, dass du die Ereignisse deines Lebens als in sich stimmig und erklärbar wahrnehmen kannst. Auch wenn Trauer schmerzhaft ist, kann das Wissen darum, dass sie eine natürliche Reaktion auf Verlust ist, helfen, sie einzuordnen. Indem du erkennst, dass auch schwierige Erfahrungen einem gewissen

Muster folgen, dass sie sich im Kontext menschlicher Entwicklung verorten lassen, kann sich der Schmerz ein Stück weit entmystifizieren. Diese Erkenntnis kann Trost spenden, denn sie zeigt, dass du nicht allein bist mit deiner Erfahrung.

Handhabbarkeit bezieht sich auf deine Fähigkeit, mit den Herausforderungen des Lebens umzugehen. Das bedeutet nicht, dass du Trauer einfach „lösen" kannst, sondern dass du innere und äußere Ressourcen findest, die dir helfen, mit ihr zu leben. Unterstützung durch Freund:innen, Familie oder professionelle Begleitung kann dabei eine Rolle spielen, ebenso wie persönliche Bewältigungsstrategien, sei es durch Schreiben, Bewegung, Meditation oder künstlerischen Ausdruck. Handhabbarkeit wächst mit der Zeit, je mehr du dich mit deiner Trauer auseinandersetzt, desto mehr entwickelst du eigene Wege, mit ihr umzugehen.

Sinnhaftigkeit schließlich ist der tiefste und vielleicht wichtigste Aspekt des Kohärenzgefühls. Sie gibt dir die Überzeugung, dass das Leben trotz aller Herausforderungen lebenswert bleibt. Das bedeutet nicht, dass jeder Verlust eine tiefere Bedeutung haben muss, sondern dass du in deinem eigenen Leben einen Sinn finden kannst, der über den Schmerz hinausgeht. Vielleicht führt dich deine Erfahrung dazu, andere Menschen zu unterstützen, neue Interessen zu entdecken oder eine tiefere Verbindung zu deinem eigenen Inneren zu entwickeln. Sinn entsteht oft aus der Bereitschaft, sich selbst und die eigenen Werte neu zu reflektieren und bewusst Wege zu gehen, die sich stimmig anfühlen.

Ein weiterer zentraler Aspekt, der in diesem Prozess eine Rolle spielt, ist das Prinzip der Homöostase. Der menschliche Organismus und die Psyche streben nach einem Zustand der Stabilität, der durch äußere und innere Einflüsse immer wieder aus dem Gleichgewicht geraten kann. Trauer ist ein solcher Einfluss, der das innere Gleichgewicht erheblich erschüttert. Doch der Prozess der Anpassung ermöglicht es, eine neue Form der Stabilität zu finden, nicht als Rückkehr zu einem früheren Zustand, sondern als Weiterentwicklung. Homöostase bedeutet nicht, dass du das Leben vor deinem Verlust wiederherstellen musst, sondern dass du ein neues Gleichgewicht schaffst, das deine veränderten Erfahrungen und Gefühle berücksichtigt. Dieses Gleichgewicht entsteht nicht von heute auf morgen, sondern entwickelt sich schrittweise, indem du lernst, mit der Trauer zu leben, sie zu akzeptieren und sie in deine Lebensgeschichte zu integrieren. Wenn du erkennst, dass dein Schmerz nicht das Ende deiner Entwicklung ist, sondern ein Prozess, durch den du wächst, entsteht eine neue Art von Sicherheit, nicht in der Abwesenheit von Verlust, sondern im Wissen, dass du mit ihm umgehen kannst.

Es ist ein natürlicher Prozess, dass sich das innere Gleichgewicht nach und nach verschiebt und an neue Umstände angepasst wird. Je mehr du dich mit deiner Trauer beschäftigst, desto mehr wirst du spüren, dass du nicht in einem Zustand des Schmerzes verharren musst, sondern dass du aktiv an deiner eigenen Stabilität arbeiten kannst. Dies ist der Punkt, an dem Resilienz und Salutogenese ineinandergreifen: Indem du lernst, dein Leben trotz des Verlusts als verstehbar, handhabbar und sinnvoll zu erleben, stärkst du deine Widerstandskraft. Gleichzeitig erlaubt dir das Prinzip der Homöostase, neue Wege zu finden, um Stabilität und Wohlbefinden in einem sich verändernden Leben zu bewahren.

In diesem Zusammenhang spielt auch das Prinzip der Homöostase eine wesentliche Rolle. Der menschliche Organismus und die Psyche streben nach einem inneren Gleichgewicht. Trauer kann dieses Gleichgewicht empfindlich stören, doch der Prozess der Anpassung ermöglicht es, neue Stabilität zu finden. Homöostase bedeutet nicht, dass du in einen Zustand zurückkehrst, der vor dem Verlust existierte, sondern dass du eine neue Balance schaffst, die deine veränderten Erfahrungen und Gefühle berücksichtigt. Dieses Gleichgewicht entsteht nicht von heute auf morgen, sondern entwickelt sich schrittweise, indem du lernst, mit der Trauer zu leben, sie zu akzeptieren und sie in deine Lebensgeschichte zu integrieren. Wenn du erkennst, dass dein Schmerz nicht das Ende deiner Entwicklung ist, sondern ein Prozess, durch den du wächst, entsteht eine neue Art von Sicherheit, nicht in der Abwesenheit von Verlust, sondern im Wissen, dass du mit ihm umgehen kannst.

Neue Perspektiven entstehen oft dann, wenn du beginnst, deinen Blickwinkel bewusst zu verändern. Statt dich nur darauf zu konzentrieren, was du verloren hast, kannst du auch darauf schauen, was dir weiterhin bleibt und welche Möglichkeiten sich noch eröffnen. Das bedeutet nicht, dass du den Schmerz verdrängen sollst. Im Gegenteil: Indem du ihn zulässt, anerkennst und verarbeitest, schaffst du Raum für Entwicklung. Vielleicht erkennst du, dass dein Leben nicht mehr dasselbe ist, aber dass es dennoch lebenswert bleibt. Vielleicht entdeckst du neue Interessen oder stärkst alte Leidenschaften, die dir Halt geben. Vielleicht lernst du, wieder Freude an den kleinen Dingen zu finden, die du lange nicht wahrgenommen hast.

Es sind oft die unscheinbaren Veränderungen, die den größten Unterschied machen. Vielleicht beginnt dein Prozess der Neuorientierung mit einem Gedanken, einer Begegnung oder einem neuen Ritual, das dich darin unterstützt, nach vorne zu blicken. Resilienz wächst in kleinen Schritten, nicht in großen Sprüngen. Jeder Moment, in dem du dich bewusst für das Leben entscheidest, ist ein Zeichen deiner inneren Stärke. Vielleicht entdeckst du, dass du durch deine Erfahrungen eine tiefere Empathie für andere entwickelt hast. Vielleicht merkst du, dass du gelernt hast, anders mit Herausforderungen umzugehen. Vielleicht beginnst du zu verstehen, dass deine Geschichte noch nicht zu Ende geschrieben ist, dass du sie weitergestalten kannst, auf eine Weise, die Sinn für dich ergibt.

Ein Verlust hinterlässt Spuren, aber er kann auch dazu führen, dass du dich selbst und die Welt bewusster wahrnimmst. Die Perspektive, die du wählst, entscheidet darüber, ob du dich nur als Opfer deines Schicksals siehst oder ob du in deiner Trauer auch eine Quelle für Wachstum entdeckst. Es wird Zeiten geben, in denen du dich verloren fühlst, in denen die Trauer übermächtig erscheint. Doch mit der Zeit wirst du spüren, dass du die Fähigkeit hast, wieder Stabilität zu finden, nicht trotz deines Verlustes, sondern mit ihm als Teil deiner Geschichte. Salutogenese lehrt uns, dass es nicht darum geht, einen perfekten Zustand zu erreichen, sondern darum, immer wieder Ressourcen für Wohlbefinden und Sinnstiftung zu erschließen.

Wenn du dich deiner Trauer stellst, wenn du zulässt, dass sie dich verändert, dann eröffnen sich dir Wege, die du vorher nicht sehen konntest. Dein Leben wird vielleicht nie wieder genauso sein wie zuvor, aber es kann eine neue Tiefe gewinnen. Und genau hier liegt die Einladung zu neuen Perspektiven: die Einladung, trotz allem weiterzugehen, mit einer wachsenden Widerstandskraft, mit neuen Einsichten und mit der Bereitschaft, das Leben in seiner ganzen Fülle anzunehmen.

12. Erinnerungskultur pflegen: Wie wir den Verstorbenen lebendig halten können

Die Erinnerung an einen geliebten Menschen lebendig zu halten, ist eine wertvolle Möglichkeit, ihn trotz seines körperlichen Abschieds weiterhin in deinem Leben präsent zu halten. Erinnerungskultur bedeutet, bewusst und liebevoll mit dem Andenken an den Verstorbenen umzugehen, seine Geschichte weiterzuerzählen und dabei Trost und Verbundenheit zu finden. Indem du diese Erinnerungen aktiv pflegst, kannst du nicht nur den Schmerz des Verlustes mildern, sondern auch deine Beziehung zum Verstorbenen auf eine neue, tiefere Ebene bringen.

In einer aktiven Erinnerungskultur geht es nicht darum, in der Vergangenheit zu verharren oder den Verlust ständig neu zu erleben, sondern vielmehr darum, die positiven und wertvollen Aspekte der gemeinsamen Zeit zu würdigen und in deinem Leben weiterzutragen. Es ist eine bewusste Entscheidung, dem Verstorbenen einen dauerhaften Platz in deinem Herzen und deinem Alltag einzuräumen. Dabei lernst du, deinen Schmerz zu akzeptieren und ihn nach und nach in etwas Konstruktives umzuwandeln. Die bewusste Pflege der Erinnerung gibt dir die Chance, mit anderen Menschen in Verbindung zu treten, die ebenfalls einen Verlust erlebt haben. Gemeinsam könnt ihr euch gegenseitig stärken und in der Erinnerung Trost und Mut finden. Durch diesen Austausch entsteht oft ein tiefes Verständnis füreinander, was wiederum heilsam und verbindend wirkt. Erinnerungskultur schafft somit nicht nur eine persönliche

Verbindung zum Verstorbenen, sondern auch eine Gemeinschaft von Menschen, die einander Halt geben.

Es gibt zahlreiche Wege, wie du eine lebendige Erinnerungskultur pflegen kannst. Ein besonders wirkungsvoller Weg ist das Erzählen von Geschichten. Das Teilen von Erinnerungen und Anekdoten über den geliebten Menschen mit Familie, Freunden oder anderen Personen, die ihn kannten, schafft Verbundenheit und bewahrt sein Andenken. Geschichten helfen dabei, die Persönlichkeit des Verstorbenen greifbar zu halten und sein Wesen und seine Eigenheiten lebendig in Erinnerung zu behalten. Sie vermitteln zukünftigen Generationen ein klares Bild davon, wer dieser Mensch war und welchen Einfluss er auf dein Leben hatte.

Auch Rituale spielen in der Erinnerungskultur eine wichtige Rolle. Regelmäßige Rituale, die du allein oder gemeinsam mit anderen durchführst, bieten einen festen Rahmen, um deine Erinnerungen aktiv zu pflegen. Das können kleine, persönliche Rituale sein, wie das Anzünden einer Kerze an besonderen Tagen, der Besuch eines Ortes, der für euch beide besonders war, oder gemeinschaftliche Rituale, wie Jahrestage oder Gedenkfeiern im Kreis von Familie und Freunden. Rituale bieten nicht nur Trost, sondern geben dir auch die Möglichkeit, deine Liebe und Verbundenheit aktiv auszudrücken. Sie strukturieren dein emotionales Erleben und geben dir in Momenten der Unsicherheit Halt und Orientierung. Rituale können sich im Laufe der Zeit verändern und an deine Bedürfnisse angepasst werden. Vielleicht fühlst du dich zu Beginn zu bestimmten Ritualen noch nicht bereit, später aber helfen sie dir, einen festen Ankerpunkt in deinem Alltag zu etablieren. Dabei entsteht eine neue Qualität der Beziehung zum Verstorbenen, denn in jedem Ritual steckt auch ein Ausdruck deiner tiefen Wertschätzung und Zuneigung, die den Verlust überdauert.

Eine weitere Möglichkeit, die Erinnerung lebendig zu halten, besteht darin, Erinnerungsorte zu schaffen. Dies können Orte in deinem Zuhause sein, etwa eine Erinnerungsecke mit Fotos und persönlichen Gegenständen, die dir am Herzen liegen, oder ein besonderer Platz in der Natur, der für euch beide eine Bedeutung hatte. Solche Orte helfen dir, bewusst Raum für die Trauer, aber auch für positive Erinnerungen und Gefühle zu schaffen. Sie bieten dir einen Ankerpunkt, an dem du dich deinem Verlust widmen kannst, ohne dich dauerhaft in Traurigkeit zu verlieren.

Neben äußeren Erinnerungsorten kannst du auch innere Räume schaffen, indem du etwa Tagebücher führst oder Briefe an den Verstorbenen schreibst. Solche persönlichen, kreativen Ausdrucksformen ermöglichen es dir, Gefühle und Gedanken bewusst auszudrücken und deine Beziehung zum Verstorbenen weiterhin emotional lebendig zu halten. Sie helfen dir, offene Themen oder Gefühle auszudrücken, die du vielleicht nicht aussprechen konntest, und schaffen eine Verbindung, die auch über den Tod hinaus Bestand hat. Das regelmäßige Schreiben kann dir ermöglichen, Klarheit in deine Gefühlswelt zu bringen und dich selbst besser zu verstehen. Es entsteht ein innerer Dialog, der dich begleitet und dir hilft, deinen Verlust zu integrieren und gleichzeitig neue Perspektiven auf dein eigenes Leben zu gewinnen. Durch das Schreiben wird der Verstorbene in deinem Inneren lebendig gehalten, und du kannst in einem geschützten Rahmen mit ihm kommunizieren, was oft sehr befreiend und heilsam wirken kann.

In der Erinnerungskultur ist es ebenfalls hilfreich, sich bewusst mit den Werten und Idealen des Verstorbenen auseinanderzusetzen und diese in deinem eigenen Leben fortzuführen. Wenn du beispielsweise weißt, dass dem Verstorbenen soziales Engagement wichtig war, könntest du dich in einem entsprechenden Projekt engagieren. Diese bewusste Weiterführung von Werten und Lebenszielen gibt dir das Gefühl, dass das Leben und Wirken des Verstorbenen weitergeht und in deinem Handeln lebendig bleibt.

Zudem kann die Erinnerungskultur auch bedeuten, die Erinnerung in kreative oder künstlerische Formen zu bringen. Fotobücher, Collagen, Gemälde, Musikstücke oder sogar Theaterstücke sind kreative Wege, die gemeinsame Geschichte lebendig zu halten. Indem du diese Erinnerungen aktiv gestaltest, erhältst du nicht nur eine dauerhafte und greifbare Verbindung, sondern findest auch neue Wege, um mit deiner Trauer konstruktiv umzugehen und sie in eine positive und sinnvolle Tätigkeit umzuwandeln. Diese kreativen Projekte helfen dir, deinen Gefühlen eine Form zu geben, und können dir einen tiefen Frieden vermitteln. Gleichzeitig dienen sie als wertvolle Erinnerungsstücke, die du mit anderen teilen kannst, wodurch die Erinnerung an den geliebten Menschen noch weitergetragen wird, und neue Verbindungen entstehen lässt.

Erinnerungskultur bedeutet nicht, ständig in der Vergangenheit zu leben. Sie ist vielmehr eine Brücke zwischen gestern und heute, zwischen Verlust und Weiterleben. Sie erlaubt dir, deinem Schmerz Ausdruck zu verleihen und gleichzeitig Platz für Dankbarkeit und Liebe zu schaffen. Indem du die Erinnerung aktiv pflegst, kannst du erfahren, dass der Verstorbene weiterhin in dir und durch dich lebendig bleibt, in den Geschichten, die du erzählst, in den Ritualen, die du pflegst, und in der Liebe, die du weiterträgst. Es ist eine liebevolle Einladung, die Verbindung zum Verstorbenen neu zu gestalten, lebendig zu halten und dabei deinen ganz persönlichen Weg der Heilung und Integration zu finden.

13. Wann ist professionelle Unterstützung sinnvoll?

Es gibt Phasen der Trauer, in denen der Schmerz so überwältigend wird, dass es schwerfällt, alleine einen Weg aus der Dunkelheit zu finden. Der Verlust eines geliebten Menschen kann tiefe Wunden hinterlassen, die Zeit allein nicht immer heilen kann. In solchen Momenten kann professionelle Unterstützung eine wertvolle Hilfe sein, um den eigenen Trauerprozess besser zu verstehen und neue Wege für sich selbst zu finden. Vielleicht hast du das Gefühl, stark sein zu müssen, alles alleine bewältigen zu müssen oder dass niemand deine Gefühle wirklich nachvollziehen kann. Doch Trauer ist nichts, was du allein durchstehen musst. Es gibt Menschen, die dich begleiten und dir helfen können, deinen Weg in dieser schweren Zeit zu finden. Du darfst dir Unterstützung holen, wenn du spürst, dass du nicht weiterkommst oder die Last zu schwer wird.

Wie du in diesem Buch bereits mehrfach gelesen hast, ist Trauer ein natürlicher, hochgradig individueller Prozess. Jeder Mensch geht anders mit Verlust um, und es gibt keine festen Regeln, wie lange Trauer dauern darf oder welche Emotionen dabei auftreten müssen. Manche Menschen finden durch Gespräche mit Freunden und Familie Trost, andere ziehen sich lieber zurück, um ihre Gefühle in Stille zu verarbeiten. Beides ist normal. Doch es gibt Situationen, in denen Trauer so intensiv oder langanhaltend wird, dass sie das Leben stark beeinträchtigt. Wenn du über Wochen oder Monate hinweg das Gefühl hast, dass kein Licht am Ende des Tunnels erscheint und dein Leben keinen Sinn mehr hat, wenn du dich vollkommen von anderen Menschen zurückziehst, Kontakte meidest und keine Kraft für soziale Interaktion findest, dann ist es vielleicht an der Zeit, dir Unterstützung zu holen. Auch körperliche Symptome wie Schlaflosigkeit, Erschöpfung, Panikattacken oder unerklärliche Schmerzen können Zeichen sein, dass deine Seele mehr Unterstützung braucht, als du ihr alleine geben kannst. Wenn du das Gefühl hast, in deiner Trauer festzustecken, wenn Schuldgefühle und Selbstvorwürfe dich immer wieder einholen oder du dich in endlosen Gedankenschleifen verlierst, dann nimm diese Signale ernst. Besonders, wenn du Gedanken daran hast, nicht mehr leben zu wollen, ist es wichtig, nicht alleine zu bleiben. Du bist nicht allein, und es gibt Menschen, die für dich da sind.

Es gibt unterschiedliche Formen der professionellen Begleitung, die dir helfen können, diesen schweren Weg nicht alleine zu gehen. Eine Psychotherapie kann dir helfen, wenn deine Trauer dich vollständig lähmt und du keinen Ausweg mehr siehst. Eine Therapeutin oder ein Therapeut kann dir dabei helfen, deine Gefühle einzuordnen, belastende Emotionen zu verarbeiten und neue Perspektiven zu entwickeln. In einem geschützten Raum kannst du lernen, deine Trauer bewusst wahrzunehmen, ohne von ihr überwältigt zu werden. Gespräche mit einer professionellen Begleitung ermöglichen es dir, deinen Schmerz auszusprechen, ohne Angst vor Bewertungen oder gut gemeinten, aber möglicherweise wenig hilfreichen Ratschlägen zu haben. Oft fällt es schwer, im familiären Umfeld über die tiefsten Gefühle zu sprechen, weil du niemanden belasten möchtest. Eine professionelle Begleitung hingegen bietet dir einen Raum, in dem alles gesagt werden darf, ohne dass du dich zurückhalten musst. Du darfst all deine Emotionen zulassen, sie ordnen und mit der Zeit Wege finden, mit ihnen umzugehen.

Auch Trauerbegleitung durch speziell ausgebildete psychosoziale Berater kann wertvoll sein, wenn du das Gefühl hast, jemanden zum Zuhören zu brauchen, der dir hilft, deinen eigenen Trauerprozess zu verstehen. Manchmal hilft es, die eigene Geschichte auszusprechen und dadurch eine neue Sichtweise auf die erlebten Gefühle zu gewinnen. Trauerbegleiter helfen dir dabei, deine Gedanken zu sortieren, herauszufinden, welche Bedürfnisse du in der Trauer hast und wie du gut für dich sorgen kannst. Dabei geht es nicht darum, die Trauer möglichst schnell zu „bewältigen", sondern darum, ihr einen passenden Platz in deinem Leben zu geben, ohne dass sie dich vollständig bestimmt. Oft reicht es schon, sich verstanden zu fühlen, um sich selbst mit mehr Mitgefühl begegnen zu können.

Manchmal hilft auch der Austausch mit anderen, die Ähnliches erlebt haben. Selbsthilfegruppen bieten die Möglichkeit, mit Menschen in Kontakt zu kommen, die wissen, wie sich dieser Schmerz anfühlt, und mit denen du deine Erfahrungen teilen kannst. Dort begegnest du Menschen, die dir nicht nur zuhören, sondern auch aus ihrer eigenen Erfahrung berichten können. Dieser Austausch kann dir zeigen, dass du nicht allein bist, dass andere ähnliche Gedanken und Gefühle durchleben und dass es Wege gibt, mit dem Verlust umzugehen.

Vielleicht entdeckst du in solchen Gruppen neue Perspektiven oder kannst Hoffnung daraus schöpfen, wie andere ihren eigenen Trauerprozess gestaltet haben. Es gibt keinen Druck, sich mitzuteilen, du kannst auch einfach zuhören, wenn dir danach ist. Allein das Bewusstsein, Teil einer Gemeinschaft zu sein, kann Trost spenden und Mut machen.

Neben Gesprächen kann auch ein kreativer Ausdruck helfen, die eigene Trauer besser zu verstehen. Manche Menschen finden in der Kunst, im Schreiben oder in der Musik eine Möglichkeit, ihre Gefühle auszudrücken, für die sie keine Worte finden. In manchen therapeutischen Ansätzen wird mit kreativen Mitteln gearbeitet, um Trauer erfahrbar und bearbeitbar zu machen. Vielleicht hilft es dir, ein Tagebuch zu führen, in dem du deine Gedanken und Erinnerungen festhältst, oder du findest Trost darin, etwas zu gestalten, das deine Verbindung zum Verstorbenen symbolisiert. Auch Bewegung, sei es durch Spaziergänge, Tanzen oder Yoga, kann helfen, aufgestaute Emotionen zu lösen und einen Zugang zu sich selbst zu finden. Es gibt viele verschiedene Wege, mit der Trauer umzugehen, und es ist wichtig, dass du herausfindest, was sich für dich richtig anfühlt. Du musst nicht allein mit deiner Trauer bleiben.

Manchmal kann es auch hilfreich sein, medizinische Unterstützung in Betracht zu ziehen. Wenn Trauer von starken Depressionen oder Angstzuständen begleitet wird, kann eine ärztliche Begleitung sinnvoll sein. Das bedeutet nicht, dass du deine Gefühle unterdrücken sollst oder dass deine Trauer nicht berechtigt ist, sondern vielmehr, dass es Situationen gibt, in denen Körper und Seele so sehr unter dem Verlust leiden, dass sie Unterstützung brauchen. Medikamente können in manchen Fällen helfen, akute Krisen zu überbrücken, doch langfristig ist es wichtig, sich auch mit den Ursachen der Trauer auseinanderzusetzen und Wege zu finden, um damit umzugehen.

Vielleicht fällt es dir schwer, den Schritt zur Unterstützung zu gehen. Vielleicht hast du Angst davor, dich jemandem anzuvertrauen oder hast das Gefühl, dass niemand deine Trauer wirklich verstehen kann. Doch Hilfe zu holen bedeutet nicht, schwach zu sein. Es bedeutet, dass du für dich selbst sorgst, dass du dir erlaubst, deinen Schmerz ernst zu nehmen und dich nicht alleine damit zu belasten. Sich Unterstützung zu holen ist ein Zeichen von Stärke, weil es zeigt, dass du dich selbst und deine Gefühle wertschätzt. Es ist mutig, sich einzugestehen, dass man Hilfe braucht, und es ist ein Schritt in Richtung Heilung.

Es gibt keine festgelegte Grenze, ab wann Unterstützung notwendig ist. Es geht nicht darum, erst zu warten, bis es gar nicht mehr geht. Wenn du spürst, dass du dich nach Entlastung sehnst, dass du mit jemandem sprechen möchtest, der dich versteht, dann darfst du dir Hilfe holen. Du musst nicht erst einen bestimmten Punkt erreichen, an dem es „schlimm genug" ist. Jeder Mensch verdient es, Unterstützung zu bekommen, wenn er sie braucht. Niemand muss alleine durch seine Trauer gehen. Du darfst für dich sorgen, und du darfst dir Hilfe holen, wenn du sie brauchst. Vielleicht fühlt sich der erste Schritt schwer an, doch du wirst sehen, dass du nicht alleine bist.

14. Was ich dir noch schreiben will...

Du hast bis hierhin gelesen, und ich möchte dir sagen, dass das nicht selbstverständlich ist. Sich mit Trauer auseinanderzusetzen, sich den eigenen Gefühlen zu stellen und Worte für das Unfassbare zu finden, ist ein mutiger Schritt. Ich weiß nicht, wo du gerade in deinem eigenen Trauerprozess stehst, ob der Schmerz noch frisch ist oder ob du schon viele Jahre versuchst, mit dem Verlust zu leben. Vielleicht hattest du Hoffnung, in diesem Buch Antworten zu finden, vielleicht hast du gezweifelt, ob es dir überhaupt helfen kann. Doch wenn du bis hierhin gelesen hast, dann hast du dich eingelassen – auf Gedanken, auf Möglichkeiten, auf einen Weg, der vielleicht nicht immer leicht ist, aber dennoch gegangen werden kann. Und genau dafür möchte ich dir meinen Respekt aussprechen.

Trauer kann sich anfühlen wie ein langer, dunkler Tunnel, in dem kein Ende in Sicht ist. Vielleicht hast du Momente erlebt, in denen du dachtest, es würde nie wieder besser werden, in denen die Einsamkeit zu groß oder die Erinnerungen zu schmerzhaft waren. Vielleicht fragst du dich immer noch, ob du jemals wieder wirklich Freude empfinden kannst, ohne dass sich gleichzeitig Schuld, Verlust oder Sehnsucht dazugesellen. Ich möchte dir wieder und wieder sagen: Es gibt keinen richtigen oder falschen Weg, um zu trauern. Dein Tempo ist genau das richtige. Dein Schmerz ist berechtigt, deine Liebe bleibt bestehen, egal wie sich dein Leben weiterentwickelt. Und es ist vollkommen in Ordnung, wenn du nicht jeden Tag stark sein kannst.

Trauer verändert sich mit der Zeit. Sie bleibt, aber sie wandelt sich. Vielleicht kennst du das Bild, dass Trauer nicht kleiner wird, sondern unser Leben wächst um sie herum. Anfangs scheint es unmöglich, mit diesem Schmerz weiterzuleben, doch nach und nach entstehen neue Räume, in denen sich nicht nur Verlust, sondern auch Erinnerungen, Liebe und vielleicht sogar wieder Hoffnung finden. Du wirst nie ohne den Menschen sein, den du verloren hast, er oder sie ist in deinen Gedanken, in deinen Erinnerungen, in deinem Herzschlag, in deinen Entscheidungen, vielleicht sogar in den kleinen Gesten, die du übernommen hast, ohne es zu merken. Der Verlust definiert dich nicht, aber er wird immer ein Teil von dir sein. Und das darf er auch.

Es gibt Momente, in denen sich Trauer leise in den Alltag schleicht, an einem unerwarteten Ort, bei einer bestimmten Melodie, beim Anblick eines vertrauten Gegenstands. Und dann gibt es Tage, an denen sie wie eine Welle über dich hinwegrollt, ohne Vorwarnung, und du für einen Moment nicht weißt, ob du ihr standhalten kannst. Doch auch wenn du glaubst, die Trauer würde dich verschlingen, du wirst feststellen, dass du daran wächst. Mit der Zeit wird sie zu etwas, das nicht nur Schmerz bedeutet, sondern auch Tiefe, Erinnerungen und Verbundenheit. Sie wird nicht verschwinden, aber du wirst lernen, mit ihr zu leben, sie als Teil deiner Geschichte zu akzeptieren, anstatt gegen sie anzukämpfen.

Manchmal fühlt sich Trauer wie eine unsichtbare Last an, die du mit dir herumträgst. Doch sie muss nicht immer schwer sein. Sie kann auch zu einem stillen Begleiter werden, der dich daran erinnert, was du geliebt hast und was dir wichtig ist. Vielleicht wirst du eines Tages feststellen, dass sie dich nicht mehr nur nach unten zieht, sondern dass sie dir auch neue Perspektiven eröffnet. Dass du nicht nur wegen des Verlustes traurig bist, sondern dass du auch dankbar sein kannst für das, was war. Dankbar für die Zeit, die ihr hattet, für die Spuren, die dieser Mensch in deinem Leben hinterlassen hat, für die Liebe, die bleibt. Und diese Dankbarkeit kann dir helfen, dein Herz zu öffnen: für neue Begegnungen, neue Erfahrungen und ein neues, anderes, aber dennoch wertvolles Weiterleben.

Manchmal stellen wir uns die Frage, ob wir „loslassen" müssen. Vielleicht hast du Angst davor, dass die Erinnerungen verblassen oder dass du eines Tages nicht mehr so intensiv fühlen wirst wie jetzt. Doch ich glaube nicht daran, dass man loslassen muss. Ich glaube daran, dass Liebe nicht endet, auch wenn ein Mensch nicht mehr physisch anwesend ist. Ich glaube, dass du weiterhin eine Verbindung haben kannst, dass du den geliebten Menschen auf deine Weise ehren kannst, ohne ihn oder sie aufgeben zu müssen. Du darfst die Erinnerungen bewahren, du darfst lachen, wenn du an gemeinsame Momente denkst, du darfst weinen, wenn die Sehnsucht zu groß wird. Und du darfst dein Leben weiterleben, ohne schlechtes Gewissen.

Wenn du eines aus diesem Buch mitnehmen kannst, dann wünsche ich mir, dass es das Bewusstsein ist, dass du nicht allein bist. Auch wenn Trauer oft mit einem Gefühl der Isolation einhergeht, gibt es Menschen, die mit dir fühlen, die verstehen, was du durchmachst, und die für dich da sein können, wenn du sie lässt. Ich hoffe, dass du dir erlaubst, über deine Trauer zu sprechen, dass du dir Unterstützung suchst, wenn du sie brauchst, und dass du erkennst, dass dein Leben wertvoll bleibt, auch wenn es sich verändert hat. Dein Schmerz ist real, aber ebenso real ist deine Fähigkeit, mit ihm zu wachsen.

Vielleicht hast du Momente erlebt, in denen du dachtest, dass du niemals wieder Frieden finden wirst. Doch Frieden bedeutet nicht, dass es keinen Schmerz mehr gibt. Frieden bedeutet, dass du deinen Schmerz annehmen kannst, ohne dass er dich auffrisst. Dass du erkennst, dass du weitergehen darfst, ohne das Gefühl zu haben, den Menschen, den du verloren hast, zurückzulassen. Frieden kann bedeuten, dass du lernst, mit der Lücke in deinem Leben zu leben, anstatt zu versuchen, sie zu füllen. Es gibt kein Zurück zu dem, was war, aber es gibt ein Vorwärts zu dem, was noch kommt.

Ich wünsche dir, dass du dir erlaubst, in deinem eigenen Tempo zu heilen. Dass du nicht versuchst, dich an Erwartungen anzupassen oder den Schmerz zu verdrängen. Dass du erkennst, dass deine Trauer ein Zeichen der Liebe ist, eine Liebe, die dich weiterhin begleitet, egal wohin dein Weg dich führt. Du darfst weinen, du darfst lachen, du darfst weiterleben. Und du darfst wissen, dass du niemals vergessen wirst, aber dass es trotzdem in Ordnung ist, neue Schritte zu wagen.

Was auch immer die Zukunft für dich bereithält, du bist stark genug, ihr zu begegnen. Vielleicht kannst du es heute noch nicht glauben. Vielleicht fühlt es sich so an, als würde dieser Schmerz niemals nachlassen, als wäre das Leben für immer in ein Vorher und Nachher geteilt, das sich nicht mehr vereinen lässt. Doch du trägst bereits alles in dir, was du brauchst, um diesen Weg zu gehen. Du hast bis hierher durchgehalten, hast all die schweren Tage überstanden, die Momente, in denen es sich unmöglich anfühlte, weiterzumachen. Und auch wenn du es jetzt noch nicht sehen kannst, du wächst mit jeder Erfahrung, mit jedem Tag, den du durchstehst, mit jeder Erinnerung, die du bewahrst. Vielleicht spürst du es erst viel später, vielleicht kommt der Moment schleichend, unbemerkt, wenn du eines Tages lachst, ohne sofort von Schuldgefühlen überfallen zu werden. Vielleicht, wenn du etwas Neues ausprobierst und dich dabei ertappst, wie du Freude daran empfindest. Vielleicht, wenn du erkennst, dass dein Herz trotz des Verlustes noch immer lieben kann.

Aber eines Tages wirst du zurückblicken und erkennen, wie weit du gekommen bist. Und vielleicht, nur vielleicht, wirst du dann wissen, dass du den Schmerz nicht besiegen musstest, sondern dass du mit ihm leben gelernt hast. Dass er ein Teil von dir geworden ist, aber nicht mehr der Teil, der dein ganzes Leben bestimmt. Vielleicht wirst du dann fühlen, dass du nicht gegen die Trauer kämpfen musst, sondern dass du sie in dein Leben integrieren kannst, ohne dass sie dir die Luft zum Atmen nimmt. Und vielleicht erkennst du dann, dass dein Verlust zwar Teil deiner Geschichte ist, aber dass es noch so viele ungeschriebene Seiten gibt. Seiten, die du selbst füllen darfst, mit Liebe, mit Erinnerungen, mit neuen Begegnungen, mit dem Leben, das du verdienst.

Und dass dein Leben, trotz allem, wieder schön sein darf. Nicht so wie vorher, nicht ohne den geliebten Menschen, den du verloren hast. Aber auf eine neue Weise, in der Trauer und Freude nebeneinander existieren dürfen, in der du Platz für dein eigenes Glück schaffst, ohne die Vergangenheit zu verleugnen. Denn du darfst glücklich sein. Du darfst leben. Und du darfst mit allem, was du erlebt hast, ein Leben gestalten, das dich trägt und erfüllt.